Französisch in 30 Tagen

humboldt
Sprachen

Die Sprachentitel in unserer Reihe:

Englisch in 30 Tagen*	ht 11
Englisch für Fortgeschrittene*	ht 61
Englisch – Bild für Bild	ht 296
Englischer Basis-Wortschatz	ht 574
Englisch – jetzt in Comics	ht 578
Englische Grammatik – kurz und schmerzlos	ht 617
Französisch in 30 Tagen*	ht 40
Französisch für Fortgeschrittene	ht 109
Französisch – Bild für Bild	ht 297
Französisch – jetzt in Comics	ht 579
Spanisch in 30 Tagen*	ht 57
Spanisch für Fortgeschrittene*	ht 626
Spanisch – Bild für Bild	ht 345
Spanisch – jetzt in Comics	ht 581
Italienisch in 30 Tagen*	ht 55
Italienisch für Fortgeschrittene	ht 108
Italienisch – Bild für Bild	ht 344
Italienisch – jetzt in Comics	ht 580
Russisch in 20 Lektionen	ht 81
Dänisch in 30 Tagen	ht 124
Griechisch für den Urlaub	ht 373
Türkisch für den Urlaub*	ht 628

Die mit * versehenen Sprachentitel gibt es auch als Buch **mit Übungscassette:** Englisch (800 u. 805), Französisch (801), Italienisch (802), Spanisch (803 u. 806), Türkisch (804).

Französisch in 30 Tagen

Herausgegeben
in Zusammenarbeit mit Langenscheidt

humboldt

humboldt-taschenbuch 40

Verfasser: Micheline Funke
Umschlaggestaltung: Christa Manner, München
Umschlagfotos: Manfred M. Schmatz, München (Münzen)
und Zentrale Farbbild Agentur GmbH, Düsseldorf (Flic)
Illustrationen: Herbert Horn, München

Abkürzungen

f = feminin
m = maskulin
pl = Plural
(Ansonsten werden die gemäß *Duden* üblichen Abkürzungen verwendet)

Hinweis:
Der Fortsetzungsband dieses Sprachkurses ist in der gleichen Reihe erschienen:
ht 109 »Französisch für Fortgeschrittene«.

Druck: Presse-Druck Augsburg
Printed in Germany
ISBN 3-581-66040-7

Inhalt

Einführung

Dieses französische Lehrbuch umfaßt insgesamt 30 Lektionen. Jede Lektion behandelt ein Schwerpunktthema und gliedert sich jeweils in zwei Unterkapitel auf, die sich inhaltlich ergänzen und aufeinander abgestimmt sind. So behandelt Lektion 3 einen Besuch in einem Kaufhaus, wobei Sie einmal durch die Spielwarenabteilung, das andere Mal durch die Textilabteilung geführt werden.
Dadurch werden Sie ganz automatisch mit dem Wortschatz, den typischen Redewendungen und der charakteristischen Atmosphäre der wichtigsten französischen Lebensbereiche vertraut gemacht. Auf überflüssiges Beiwerk und unnötigen Ballast wurde bewußt verzichtet: Im Vordergrund steht das heutzutage gesprochene Französisch, so wie es uns in Frankreich auf Schritt und Tritt begegnet.
Sie finden in jeder Lektion ein Stück französischer Lektüre, vorwiegend in aufgelockerter Dialogform, die entsprechende deutsche Übersetzung, einen dazugehörenden Grammatikteil und eine Liste mit dem neu hinzugekommenen Wortschatz. Am Ende einer jeden Lektion können Sie Ihre neu erworbenen Französischkenntnisse anhand von reichlichem Übungsmaterial vertiefen und überprüfen. Dieser Aufbau eignet sich vor allem auch für den problemlosen Selbstunterricht.
In den ersten fünf Lektionen ist dem gesamten französischen Lektüreteil die jeweilige Aussprache in Form einer vereinfachten Lautschrift beigefügt, ebenso (fettgedruckt) die Betonung im Satz: Eine Hilfe, die gerade der Anfänger besonders zu schätzen weiß. Der gesamte Wortschatz ist mit Lautschrift versehen. Eine übersichtliche Darstellung der Aussprache und Schreibung des Französischen sowie eine Verdeutschung der grammatischen Fachausdrücke erleichtern dem Anfänger den Einstieg in die französische Sprache.
Versuchen Sie so bald wie möglich, Ihre mit diesem Lehrbuch erworbenen Sprachkenntnisse praktisch anzuwenden. Sie werden sehen, es wird Ihnen viel Freude bereiten!

Aussprache und Lautschrift

Französisch gehört nicht zu denjenigen Sprachen, deren Aussprache für den Anfänger so ganz problemlos ist. Um Ihnen eine korrekte Aussprache bereits von Anfang an so weit wie möglich zu erleichtern, haben wir für Sie im folgenden alle Punkte zusammengestellt, die bei der Erlernung der französischen Aussprache von besonderer Bedeutung sind und deren Beachtung Ihnen bereits am Anfang unnötige Fehler ersparen wird. Ganz allgemein gilt, daß der Franzose auf saubere, klare und genaue Aussprache besonderes Gewicht legt. Seine Mundbewegungen beim Sprechen sind kräftig und lebhaft, der Klang der Laute ist verhältnismäßig hoch und hell. Vermeiden Sie es deshalb von Anbeginn, zu nuscheln oder dumpf und unartikuliert zu sprechen.

Vor allem dürfen Sie als Anfänger keine Hemmungen haben, französisch zu sprechen. Jede gute französische Aussprache, die sich ein Nicht-Franzose erworben hat, ist nämlich ein langes Wechselspiel von genauem Hinhören, Sprechen, Sich-selbst-Korrigieren, Üben, Hinhören usw. Gleichgültig ob Sie in Frankreich in Urlaub oder auf einer Geschäftsreise, egal ob Sie in einem Supermarkt, am Strand, im Kino oder in der Pariser Metro sind: Lassen Sie die französischen Laute auf Ihr Gehör einwirken, scheuen Sie sich nicht, das Gehörte nachzusprechen, Sprachrhythmus und Sprachmelodie zu imitieren. So werden Sie am schnellsten mit der Klangwelt der französischen Sprache vertraut werden.

Die in diesem Lehrbuch verwendete Lautschrift fußt auf der Internationalen Lautschrift, wurde jedoch in einzelnen Punkten vereinfacht. Dadurch haben Sie zweierlei Vorteile:

1. Sie werden nicht mit Unterscheidungen belastet, die im heutzutage gesprochenen Französisch von völlig nebensächlicher oder nur regionaler Bedeutung sind.

2. Dadurch enthält die Lautschrift nur wenige Sonderzeichen, deren Bedeutung Sie „lernen“ müssen. Ansonsten finden Sie solche Lautwerte vor, die Ihnen von Ihrer deutschen Muttersprache her bereits vertraut sind.

In den ersten fünf Lektionen ist die gesamte Lektüre mit der Lautschrift versehen; ebenso sind sämtliche Wörter in der Rubrik „Wortschatz“ durch das ganze Lehrbuch hindurch mit der jeweiligen Aussprache in Lautschrift angegeben. Damit wird die nachfolgende systematische Übersicht der französischen Laute durch praktische Anwendungsbeispiele ergänzt, und Sie haben auch für schwierige Ausssprachefälle die Möglichkeit einer Überprüfung.

Vokale

Schreibung	Beispiel	Erklärung der Aussprache	Lautschrift
a	m**a**d**a**me	wie deutsches a	***a*** *[m**a**d**a**m]*
ai	j'**ai**, j'au**rai**	wie geschlossenes deutsches e	***e*** *[ʒ**e** – ʒɔr**e**]*
	*j'av***ais** l**ai**t r**ai**sin	wie deutsches ä	***ä*** *[ʒav**ä**]* ***ä*** *[l**ä**]* ***ä*** *[r**ä**sä̃]*
au	**au**ssi	wie geschlossenes deutsches o	***o*** *[**o**ßi]*
	j'**au**rais	wie offenes deutsches o	ɔ *[ʒɔrä]*
e	t**e**nir	kurzer deutscher ö-Laut	ö *[tönir]*
-e	grav**e**	–	*[graw]*
(verstummt am Wortende)			
è	p**è**re	wie deutsches ä	***ä*** *[p**ä**r]*
ê	t**ê**te	wie deutsches ä	***ä*** *[t**ä**t]*
é	t**é**l**é**phone	wie geschlossenes deutsches e	***e*** *[tel**e**fɔn]*
-er	march**er**	wie geschlossenes deutsches e	***e*** *[marsch**e**]*
-ez	all**ez**	wie geschlossenes deutsches e	***e*** *[al**e**]*
-eau	bat**eau**	wie geschlossenes deutsches o	***o*** *[bat**o**]*
eu	p**eu**	wie geschlossenes deutsches ö	***ö*** *[p**ö**]*
-eur	port**eur**	wie offenes deutsches ö	ɔ̈ *[pɔrtɔ̈r]*

i	ic**i**	wie deutsches i	***i***	*[ißi]*
i + Vokal	port**i**er	wie deutsches j	***j***	*[pɔrtje]*
o	p**o**che	wie offenes deutsches o	***ɔ***	*[pɔsch]*
	l**o**t	wie geschlossenes deutsches o	***o***	*[lo]*
ou	l**ou**er	wie deutsches u	***u***	*[lue]*
oi	tr**oi**s	wie deutsches oa	***oa***	*[troa]*
œu	c**œu**r	wie offenes deutsches ö	***ɔ̈***	*[kɔ̈r]*
u	r**u**e	wie deutsches ü	***ü***	*[rü]*
y	st**y**le	wie deutsches i	***i***	*[stil]*
y + Vokal	cra**y**on	wie deutsches j	***j***	*[kräjõ]*

Nasale *) **)

an	d**an**s	nasales a	***ã***	*[dã]*
am	ch**am**bre	nasales a	***ã***	*[schãbr°]*
en	v**en**deuse	nasales a	***ã***	*[wãdös]*
em	**em**bêter	nasales a	***ã***	*[ãbäte]*
in	v**in**	nasales ä	***ä̃***	*[wä̃]*
im	**im**possible	nasales ä	***ä̃***	*[ä̃poßibl°]*
un	l**un**di	nasales ä	***ä̃***	*[lä̃di]*
on	b**on**jour	nasales o	***õ***	*[bõʒur]*
om	p**om**pe	nasales o	***õ***	*[põp]*

*) Diese Liste enthält die grundlegenden Nasallaute. Die Tilde (˜) zeigt an, daß der Laut nasal gesprochen wird. Die Nasallaute können in der Schreibung auch in Form von Diphthongen auftreten: z. B. **ain**si *(so)* [ä̃ßi].

**) Die genannten Kombinationen (z. B. an, am, en, in usw.) werden dann nicht als Nasale gesprochen, wenn ihnen ein Vokal unmittelbar folgt. z.B.: monastère *(Kloster)* [mɔnaßtär].

Konsonanten*)

Schreibung	Beispiel	Erklärung der Aussprache	Lautschrift	
b	a**b**onné	weicher b-Laut (weicher als im Deutschen)	***b***	*[a**b**ɔne]*
c (vor a, o, u)	**c**omment	stimmloser k-Laut (ohne Behauchung)	***k***	*[**k**omã]*
c (vor e, i, y)	mer**c**i	stimmloser s-Laut	***ß***	*[mär**ß**i]*
ç (nur vor a, o, u)	fran**ç**ais	stimmloser s-Laut	***ß***	*[frã**ß**ä]*
ch	**ch**ambre	stimmlos, wie deutsches sch	***sch***	*[**sch**ãbr°]*
ch	**Ch**ristine	in einigen Wörtern fremden Ursprungs wie deutsches k	***k***	*[**k**rißtin]*
d	par**d**on	weicher d-Laut	***d***	*[par**d**õ]*
f	**f**aire	wie deutsches f	***f***	*[**f**är]*
g (vor a, o, u)	ci**g**arette	weicher g-Laut	***g***	*[ßi**g**arät]*
g (vor e, i, y)	man**g**er	stimmhafter sch-Laut (wie z. B. in Etage)	*ʒ*	*[mãʒe]*
gn	Allema**gn**e	nj-Laut (wie z. B. in Cognac)	***nj***	*[Alma**nj**]*
h	**h**abiter	h wird im Französischen grundsätzlich nicht gesprochen	–	*[abite]*
j	**j**our	stimmhafter sch-Laut (s. oben: wie g vor e, i, y; wie in Etage)	*ʒ*	*[ʒur]*
k	**k**ilomètre	stimmloser k-Laut (ohne Behauchung)	***k***	*[**k**ilɔ-mätr°]*
l	**l**ong a**ll**er	wie deutsches l	***l***	*[**l**õ]* *[a**l**e]*

ll (nach i)	vi**ll**e	wie deutsches l	***l***	*[wil]*
	fi**ll**e	wie deutsches j	***j***	*[fij]*
m	fro**m**age	wie deutsches m	***m***	*[fro**m**aʒ]*
n	fi**n**ir	wie deutsches n	***n***	*[fi**n**ir]*
p	**p**a**p**a	etwas kürzer als das deutsche p und mit weniger Luft gesprochen	***p***	*[**p**a**p**a]*
ph	**ph**oto	wie deutsches f	***f***	*[**f**ɔto]*
q	**q**uatre	wie deutsches k	***k***	*[**k**atrö]*
r	**r**ouge	meist wie deutsches Gaumen-r	***r***	*[**r**uʒ]*
s (am Wortanfang)	**s**oir	stimmloses s	***s***	*[**ß**oar]*
s (zwischen zwei Vokalen)	rai**s**in	stimmhaftes s	***s***	*[rä**s**ã̈]*
ss	sauci**ss**e	stimmloses s	***ß***	*[ßoßi**ß**]*
t	re**t**our	etwas kürzer als das deutsche t und mit weniger Luft gesprochen	***t***	*[rö**t**ur]*
ti	atten**ti**on	vor i wird t in der Regel als stimmloses s, i selbst als j gesprochen	***ßj***	*[atã**ßj**õ]*
v	**v**ous **v**oiture	ähnlich wie deutsches w	***w***	*[**w**u]* *[**w**oatür]*
w	**w**agon	ähnlich wie deutsches w	***w***	*[**w**agõ]*
x (vor Konsonanten)	e**x**près	stimmloses ks	***kß***	*[ä**kß**präß]*
x (vor Vokalen)	e**x**ercice	stimmhaftes gs	***gs***	*[ä**gs**är-ßiß]*
z	**z**éro	wie stimmhaftes s	***s***	*[**s**ero]*

*) Die Konsonanten d, s, t, x, z werden in aller Regel nicht gesprochen, wenn sie in der Schreibung am Wortende stehen.

Die Betonung des Französischen

Im Französischen werden alle Silben eines Wortes gleichmäßig stark ausgesprochen, jedoch erhält die letzte Sprechsilbe die Betonung. Das französische Wort ist also endungsbetont. Werden einzelne Wörter zu Sätzen zusammengefaßt, so ist die Betonung annähernd gleichmäßig, wobei jedoch eine besondere Betonung auf der letzten gesprochenen Silbe liegt. Besteht ein Satz aus mehreren Redeteilen, so erhält jede gesprochene Silbe am Ende eines jeden Redeteils eine Betonung, die Hauptbetonung fällt dann der letzten gesprochenen Silbe des letzten Redeteiles zu. Der Unterschied zwischen betonten und unbetonten Silben ist im Französischen wesentlich geringer als im Deutschen, doch ist die *Satzmelodie* im Französischen durch den Wechsel in der Tonhöhe viel lebhafter als im Deutschen.

Der Franzose zieht einzelne Wörter zu einer Wortgruppe zusammen und spricht diese ohne Pause. Für den Anfänger ist es besonders schwierig, eine solche Sprechweise nachzumachen. Trotzdem sollte nach der Durcharbeitung einer jeden Lektion versucht werden, die einzelnen Sprechtakte zusammenhängend ohne Pause - in den ersten fünf Lektionen mit Hilfe der angegebenen Lautschrift - zu sprechen. Für jeden Anfänger gilt in ganz besonderem Maße: Man nutze jede Gelegenheit, die französische Sprache zu hören; selbst wenn man am Anfang noch sehr wenig verstehen wird, wichtig ist, daß sich dadurch der *Satzrhythmus* (Betonung) und die *Satzmelodie* (Wechsel in der Tonhöhe) einprägen und um so leichter nachgeahnt werden können.

Die Bindung

Die oben ausgeführte charakteristische Betonung des Französischen und das Bestreben, ganze Sätze als zusammenhängende Einheiten zu sprechen, findet ihren Niederschlag u. a. in der Bindung. Darunter versteht man das Verschleifen eines sonst stummen Endkonsonanten mit dem Vokal des folgenden Wortes *(konsonantische Bindung)*. In der Lautschrift haben wir diese Bindung mit ‿ gekennzeichnet.

Beispiel:

Schreibung	Lautschrift
c'est une rue *(es ist eine Straße)*	*[ßät‿ün rü]*
vous êtes *(Sie sind/Sind Sie?)*	*[wus‿ät)*

Ein s, das dabei zwischen zwei Vokalen steht (*[wus‿ät]*), wird stimmhaft gesprochen.
Eine gewisse Bindung tritt auch dann auf, wenn zwei Vokale aufeinander treffen *(vokalische Bindung).* Die beiden Vokale gleiten dann ineinander über.

Beispiel:

Schreibung	Lautschrift
où est? *(wo ist?)*	*[u‿ä]*

Schreibung des Französischen

Die Schreibweise der Vokale, Konsonanten und Doppellaute ergibt sich aus den vorangegangenen Übersichtstabellen. Darüber hinaus muß folgendes beachtet werden:

Akzente

Die Akzente haben im Französischen die Funktion von Hinweisen für die Aussprache oder von Unterscheidungsmerkmalen. Eine Übersicht über die französischen Akzente finden Sie in Lektion 10.I.3. Als Unterscheidungsmerkmal wird der accent grave (`) bei a und u verwendet. So bedeutet **a** *(er/sie/es) hat,* **à** jedoch *nach, in, zu;* **ou** *oder,* **où** *wo.*

Groß- und Kleinschreibung

Eine Darstellung der Groß- und Kleinschreibung finden Sie ebenfalls in Lektion 10.I.3 dieses Lehrbuchs

Silbentrennung

Die Silbentrennung erfolgt im Französischen nicht nach Sprechsilben wie im Deutschen, sondern nach Schreibsilben.
Ein einfacher Konsonant zwischen zwei Vokalen gehört zur folgenden Silbe: re-la-tif *(relativ)*.
Von zwei oder drei Konsonanten zwischen Vokalen gehört der letzte zur folgenden Silbe: clas-sique *(klassisch)*, obs-cur *(dunkel)*.
Nicht getrennt werden Konsonantengruppen, die aus einem beliebigen Konsonanten + l oder r bestehen: ren-dre *(zurückgeben)*, ta-ble *(Tisch)*.

Zeichensetzung

Die französische Zeichensetzung unterscheidet sich nur unwesentlich von der deutschen: Punkt, Strichpunkt und Fragezeichen werden ebenso wie im Deutschen gebraucht. Lediglich in der Verwendung des Kommas gibt es einige Abweichungen vom Deutschen. So steht im Französischen vor Sätzen mit **que** *(daß)* und **si** *(ob)* kein Komma. Ebenso wird vor Relativsätzen, die zum Verständnis des gesamten Satzes von Wichtigkeit sind, kein Komma gesetzt.
Dagegen werden adverbiale Ausdrücke oder vorangestellte Nebensätze stets durch Komma abgetrennt. Beispiel: Le soir, je suis allé au cinema *(Am Abend bin ich ins Kino gegangen)*.
Das Ausrufezeichen wird sparsamer als im Deutschen verwendet: Es erscheint nur nach einem echten Ausruf, nicht - wie im Deutschen bisweilen üblich - auch zur Verstärkung einer Aussage.

Grammatische Fachausdrücke und ihre Bedeutung

Adjektiv	Eigenschaftswort
Adverb	Umstandswort
Akkusativ	Wenfall, 4. Fall
Aktiv	Tätigkeitsform

Akzent	Zeichen zur Angabe der Tonqualität bestimmter Vokale
Artikel	Geschlechtswort
Dativ	Wemfall, 3. Fall
Deklination	Beugung von Substantiv, Adjektiv und Pronomen
Demonstrativpronomen	hinweisendes Fürwort
Diphthong	Zwielaut, Doppellaut (z. B. au, ei)
feminin	weiblich
final	Zweck, Absicht angehend
Futur	Zukunft
Genitiv	Wessenfall, 2. Fall
Genus	Geschlecht
Gerundium	unveränderliche Verbform mit adverbialer Funktion
Imperativ	Befehlsform
Imperfekt	1. Vergangenheit
Indikativ	Wirklichkeitsform
Interrogativpronomen	Fragefürwort
intransitiv	Verben, die kein Akkusativobjekt nach sich ziehen
kausal	begründend
Komparativ	1. Steigerungsform
Konditional	Bedingungsform
Konjugation	Beugung des Verbs
konjugieren	beugen (Verb)
Konjunktion	Bindewort
Konjunktiv	Möglichkeitsform
Konsonant	Mitlaut
maskulin	männlich
Nominativ	Werfall, 1. Fall
Objekt	Satzergänzung
Orthographie	Rechtschreibung
Partizip	Mittelwort
Partizip Präsens	Mittelwort der Gegenwart
Partizip Perfekt	Mittelwort der Vergangenheit
Passiv	Leideform
Perfekt	vollendete Gegenwart, 2. Vergangenheit

Personalpronomen	persönliches Fürwort
Plural	Mehrzahl
Plusquamperfekt	Vorvergangenheit, 3. Vergangenheit
Possessivpronomen	besitzanzeigendes Fürwort
Prädikat	Satzaussage
Präposition	Verhältniswort
Präsens	Gegenwart
Pronomen	Fürwort
Pronominaladverb	Umstandswort mit dem Charakter eines Fürworts
reflexiv	rückbezüglich
Reflexivpronomen	rückbezügliches Fürwort
Relativpronomen	bezügliches Fürwort
Singular	Einzahl
Subjekt	Satzgegenstand
Substantiv	Hauptwort
Superlativ	höchste Steigerungsstufe
transitiv	ein Verb, das ein Akkusativobjekt bei sich haben kann
temporal	zeitlich
Verb	Zeitwort
Vokal	Selbstlaut

Leçon 1 – Lektion 1

Les Meyer arrivent à Paris

Meyers kommen in Paris an

I.1. Comment demander son chemin?

Monsieur Meyer: *M.M.,* un passant: *P.*

M.M.: Pardon, Monsieur, où est le syndicat d'initiative, s'il vous
pardõ mößjö u‿ä lö ßãdika dinißjatiw ßil wu

plaît?
plä

P.: C'est dans la rue Monceau.
ßä dã la rü mõßo

M.M.: C'est loin d'ici?
ßä loã dißi

P.: Vous êtes à pied ou en voiture?
wus‿ät a pje u‿ã woatür

M.M.: Je suis en voiture. Ma voiture est garée rue Vauban.
ʒ^ö ßüi ã woatür ma woatür ä gare rü wobã

P.: Bon, vous prenez la rue Vauban jusqu'au feu. Là, vous
bõ wu pr^öne la rü wobã ʒüßko fö la wu

tournez à droite, vous continuez jusqu'à la place. La rue
turne a droat wu kõtinüe ʒüßka la plaß la rü

Monceau est la première à gauche, mais attention, c'est
mõßo ä la pr^ömjär a gosch mä atãßjõ ßät‿

une rue à sens unique.
ün rü a ßãß‿ünik

M.M.: Merci beaucoup, Monsieur.
märßi boku m^ößjö

I.2. Übersetzung

Wie fragt man nach dem Weg?

Herr Meyer: *M.M.*, ein Fußgänger: *P.*
M.M.: Entschuldigen Sie, wo ist das Fremdenverkehrsbüro? – *P.:* Es ist in der Monceaustraße. – *M.M.:* Ist das weit von hier? – *P.:* Sind Sie zu Fuß oder mit dem Auto? – *M.M.:* Ich bin mit dem Auto. Mein Auto ist in der Vaubanstraße geparkt. – *P.:* Gut, Sie fahren (nehmen) die Vaubanstraße bis zur Ampel. Sie biegen dort rechts ab, Sie fahren weiter geradeaus bis zum Platz. Die Monceaustraße ist die erste Straße links, aber Achtung! Es ist eine Einbahnstraße. – *M.M.:* Vielen Dank.

I.3. Grammatik

1. Präsensbildung von avoir und être

avoir haben

Präsens

j'	ai	*[ʒe]*	*ich*	*habe*
tu	as	*[tü‿a]*	*du*	*hast*
il/elle	a	*[il‿a/äl‿a]*	*er/sie/es*	*hat*

nous	avons	*[nus‿awõ]*	*wir*	*haben*
vous	avez	*[wus‿awe]*	*ihr*	*habt*
ils/elles	ont	*[ils‿õ/äls‿õ]*	*sie*	*haben*

être *sein*

Präsens

je	suis	*[ʒ° ßüi]*	*ich*	*bin*
tu	es	*[tü‿ä]*	*du*	*bist*
il/elle	est	*[il‿ä/äl‿ä]*	*er/sie/es*	*ist*
nous	sommes	*[nu ßɔm]*	*wir*	*sind*
vous	êtes	*[wus‿ät]*	*ihr*	*seid*
ils/elles	sont	*[il/äl ßõ]*	*sie*	*sind*

2. Präsensbildung der regelmäßigen Verben auf -er
(z. B. continuer, garer, tourner)

continuer *weiterfahren*

Präsens

je	continu**e**	*[ʒ° kõtinü]*	*ich*	*fahre weiter*
tu	continu**es**	*[tü kõtinü]*	*du*	*fährst weiter*
il/elle	continu**e**	*[il/äl kõtinü]*	*er/sie/es*	*fährt weiter*
nous	continu**ons**	*[nu kõtinüõ]*	*wir*	*fahren weiter*
vous	continu**ez**	*[wu kõtinüe]*	*ihr*	*fahrt weiter*
ils/elles	continu**ent**	*[il/äl kõtinü]*	*sie*	*fahren weiter*

3. Die unbetonten Personalpronomen je, tu, il, elle usw.
Die unbetonten Personalpronomen können nur in Verbindung mit einem konjugierten Verb gebraucht werden.

Übersicht				
			maskulin	feminin
Singular	**je** *ich*	**tu** *du*	**il** *er*	**elle** *sie*
Plural	**nous** *wir*	**vous** *ihr* oder *Sie*	**ils** *sie*	**elles** *sie*

Merke: Statt **je** wird vor Selbstlaut und stummem h **j'** geschrieben.
Z.B.: **j'**ai *(ich habe)*, **j'**habite *(ich wohne).*
Vous ist auch die Höflichkeitsform im Singular und Plural.
Il kann unpersönliches Fürwort sein; z.B.: **il** pleut = *es regnet.*

I.4. Wortschatz

arriver	*ariwe*	ankommen
à Paris	*a Pari*	in Paris
comment?	*komã*	wie?
demander son chemin	*d^{ö}mãde ßõ sch^{ö}mã̃*	nach dem (seinem) Weg fragen
Monsieur	*m^{ö}ßjö*	Herr
un passant	*ã̃ paßã*	ein Fußgänger
pardon	*pardõ*	Entschuldigung
où est?	*u‿ä*	wo ist?
le syndicat d'initiative	*l^{ö} ßã̃dika dinißjatiw*	Fremdenverkehrsbüro
s'il vous plaît	*ßil wu plä*	bitte
c'est	*ßä*	es ist
dans	*dã*	in
la rue	*la rü*	Straße
loin	*loã̃*	weit
d'ici	*dißi*	von hier
vous êtes	*wus‿ät*	Sie sind, *(Frage)* sind Sie?
à pied	*a pje*	zu Fuß
la voiture	*la woatür*	Auto, Wagen
en voiture	*ã woatür*	mit (dem) Auto
je suis	*ʒ^{ö} ßüi*	ich bin
ma voiture est garée	*ma woatür ä gare*	mein Auto ist geparkt
bon	*bõ*	gut
vous prenez	*wu pr^{ö}ne*	Sie nehmen
le feu	*l^{ö} fö*	Ampel
jusqu'au feu	*ʒüßko fö*	bis zur Ampel
là	*la*	da, dort
tourner	*turne*	(ab)biegen
à droite	*a droat*	rechts
continuer	*kõtinüe*	weiterfahren
la place	*la plaß*	Platz
jusqu'à la place	*ʒüßka la plaß*	bis zum Platz
la première rue	*la pr^{ö}mjär rü*	die erste Straße

à gauche	*a gosch*	links
mais	*mä*	aber
attention	*atãßjõ*	Achtung
une rue à sens unique	*ün rü a ßãß‿ünik*	eine Einbahnstraße
merci beaucoup	*märßi boku*	vielen Dank

II.1. Au syndicat d'initiative

Madame Meyer: *Mme M.,* un employé: *E.*

E.: Bonjour, Madame, vous désirez?
*bõ**ʒur** mad**am** wu desi**re***

Mme M.: Vous parlez allemand?
*wu parle alm**ã***

E.: Non, je parle seulement français.
*n**õ** ʒö parl ßɔ̈lmã frã**ßä***

Mme M.: Je voudrais un plan de la ville.
*ʒö wudrä ã̄ plã dö la w**il***

E.: Voilà. Vous cherchez une rue?
*woal**a** wu schärsche ün **rü***

Mme M.: Non, je cherche une chambre pas chère dans le quartier.
*n**õ** ʒö schärsch ün schãbrö pa schär dã lö kartje*

E.: Alors, j'ai une liste d'hôtels pour vous.
*alɔr ʒe ün list dotel pur w**u***

Mme M.: Merci beaucoup.
*märßi bok**u***

E.: Je vous en prie. Au revoir, Madame.
*ʒö wus‿ã pr**i** o röwoar mad**am***

II.2. Übersetzung

Im Fremdenverkehrsbüro

Frau Meyer: *Mme M.,* ein Angestellter: *E.*

E.: Guten Tag, was möchten Sie? – *Mme M.:* Sprechen Sie

Deutsch? – *E.:* Nein, ich spreche nur Französisch. – *Mme M.:* Ich hätte gerne einen Stadtplan. – *E.:* Hier (haben Sie einen). Suchen Sie eine Straße? – *Mme M.:* Nein, ich suche ein billiges Zimmer in dem Viertel. – *E.:* Dann habe ich eine Hotelliste für Sie. – *Mme M.:* Vielen Dank! – *E.:* Nichts zu danken. Auf Wiedersehen!

II.3. Grammatik

1. Der Fragesatz

a) Die Frage ist nur durch die Satzbetonung zu erkennen.
Z.B.: C'est loin d'ici?
Bei dieser Form von Fragesatz gibt es keinen Unterschied in der Wortstellung zwischen einem Aussagesatz und einem Fragesatz.

Aussagesatz	**Fragesatz**
C'est loin d'ici.	C'est loin d'ici?
Es ist weit von hier.	*Ist es weit von hier?*

b) Fragesatz mit **où** (*wo?* bzw. *wohin?*)

Beispiele:
La voiture est **où**? *Wo ist der Wagen?*
où steht am Ende des Satzes

Où est la voiture? *Wo ist der Wagen?*
où steht am Anfang des Satzes

Die in der Form des Aussagesatzes gültige Reihenfolge Subjekt + Prädikat wird im Fragesatz umgestellt.

Übersicht

où ...?	**où** est la voiture?	**où** + Prädikat + Subjekt
... **où?**	la voiture est **où?**	Subjekt + Prädikat + **où**

2. Der bestimmte und der unbestimmte Artikel

a) Der bestimmte Artikel

	maskulin	feminin	
Singular	**le**	**la**	**l'** vor Vokal + stummem **h**
	le plan	la ville	l'hôtel
			l'amie
Plural	**les**	**les**	**les**
	les plans	les villes	les hôtels
			les amies

Merke: Beim bestimmten Artikel **l'** ist nicht zu erkennen, ob es sich um ein maskulines oder feminines Substantiv handelt. Z. B.: **l'**hôtel *(m, = das Hotel),* **l'**amie (*f,* = die Freundin), **l'**ami (*m,* = der Freund).

b) Der unbestimmte Artikel

	maskulin	feminin
Singular	**un**	**une**
	un plan	une voiture
	un hôtel	une amie
Plural	**des**	**des**
	des plans	des voitures
	des hôtels	des amies

Merke: Im Gegensatz zum Deutschen gibt es im Französischen eine Pluralform des unbestimmten Artikels: **des.**

3. Die Substantive,

z. B. ville, plan, hôtel usw.

Im Französischen gibt es zwei Genera, das Maskulin (männliches Geschlecht) und das Feminin (weibliches Geschlecht).

a) Pluralbildung,
z. B. des plans, les plans usw.

An die Form des Singulars wird ein nicht hörbares **-s** angefügt. Die meisten Substantive bilden ihren Plural auf **-s**.

b) Im Schriftbild enden die meisten Bezeichnungen für weibliche Personen auf **-e**, das an die entsprechende Form des Maskulins angefügt wird. Z. B. un ami *(ein Freund)* – une amie *(eine Freundin)*. Einige feminine Substantive haben die gleiche Form wie die entsprechenden maskulinen, z. B. un touriste *(ein Tourist)* – une touriste *(eine Touristin)*.

II.4. Wortschatz

bonjour	*bõʒur*	guten Tag
Madame	*madam*	Frau
désirer	*desire*	wünschen
parler	*parle*	sprechen
allemand	*almã*	Deutsch
non	*nõ*	nein
seulement	*ßɔ̈lmã*	nur
français	*frãßä*	Französisch
je voudrais	*ʒ^{ö} wudrä*	ich möchte
le plan de la ville	*l^{ö} plã d^{ö} la wil*	Stadtplan
voilà	*woala*	da (ist)
chercher	*schärsche*	suchen
la chambre	*la schãbr^{ö}*	Zimmer
pas chère	*pa schär*	nicht teuer, billig
le quartier	*l^{ö} kartje*	Stadtviertel
alors	*alɔr*	dann
la liste d'hôtels	*la list dotäl*	Hotelliste
je vous en prie	*ʒ^{ö} vus‿ã pri*	nichts zu danken
au revoir	*o r^{ö}woar*	auf Wiedersehen

II.5 Übungen

1. Setzen Sie ***êtes*** *oder* ***suis*** *ein:*
Vous .... en voiture? Non, je .... à pied. Vous .... touriste? Oui, je .... touriste. Vous .... M. Meyer? Oui, je .... M. Meyer.

*2. Setzen Sie **avez** oder **ai** ein:*
Vous .... un plan de Paris? Oui, j' .... un plan de Paris. Vous .... une chambre? Oui, j' .... une chambre pas chère. Vous .... une liste d'hôtels pour M. Meyer? Oui, j' .... une liste d'hôtels de Paris.

3. Setzen Sie die richtigen Endungen ein:
Vous parl.... français? Non, je parl.... seulement allemand. Vous cherch.... la rue Vauban? Non, je cherch.... la rue Monceau. Vous continu.... jusqu'au feu, vous tourn.... à gauche, c'est là.

*4. Fügen Sie den richtigen bestimmten Artikel **le, l'** oder **la** ein:*
.... syndicat d'initiative est dans .... rue Monceau. .... hôtel est à Paris. .... employé a .... liste d'hôtels. .... voiture est garée dans .... rue Vauban. Je cherche .... quartier des Halles.

5. Übersetzen Sie:
Wo ist das Fremdenverkehrsbüro? Es ist in der Monceaustraße. Ist es weit von hier? Sind Sie zu Fuß? Ja, ich bin zu Fuß. Haben Sie einen Stadtplan von Paris. Ja, ich habe einen Plan (Stadtplan). Sie nehmen die Vaubanstraße bis zur Ampel, Sie gehen weiter geradeaus bis zum Platz. Es ist die erste Straße rechts. Suchen Sie ein billiges Zimmer in dem Viertel? Ich habe eine Hotelliste für Sie. Das Hotel ist in der Monceaustraße. Achtung, die Monceaustraße ist eine Einbahnstraße.

Leçon 2 – Lektion 2

M. et Mme Meyer font les courses
Herr und Frau Meyer gehen einkaufen

I.1. Au marché

Madame Meyer: *Mme M.*, le marchand: *M.*

M.: Et pour vous, Madame, qu'est-ce que ce sera?
*e pur w**u** mad**a**m kä‿ßö kö ßö ßö**ra***

Mme M.: Donnez-moi un kilo de tomates et une salade.
*dɔne moa ã̃ kilo dö tomat e ün ßal**a**d*

M.: Et avec ça?
*e‿awek ß**a***

Mme M.: Vous avez des abricots?
*wus‿awe des‿abrik**o***

M.: Non, je n'ai pas d'abricots, j'ai des raisins.
*n**õ** ʒö ne pa dabrik**o** ʒe de räs**ã̃***

Mme M.: Les raisins sont à combien?
*le räs**ä̃** ßõt‿a kõbj**ä̃***

M.: 10 F le kilo.
*di frã lö kil**o***

Mme M.: Bon, donnez-moi un kilo de raisins.
*b**õ** dɔne moa ä̃ kilo dö räs**ä̃***

M.: Et avec ça?
*e‿awek ß**a***

Mme M.: Ce sera tout. Je vous dois combien?
*ßö ßöra t**u** ʒö wu doa kõbj**ä̃***

M.: Ça fait 17 F en tout.
*ß**a** fä dißät frã ã t**u***

I.2. Übersetzung

Auf dem Markt

Frau Meyer: *Mme M.,* der Händler: *M.*
M.: Und für Sie, was darf es sein? – *Mme M.:* Geben Sie mir ein Kilo Tomaten und einen Salat. – *M.:* Noch etwas? – *Mme M.:* Haben Sie Aprikosen? – *M.:* Nein, ich habe keine Aprikosen, ich habe Trauben. – *Mme M.:* Was kosten die Trauben? – *M.:* 10 F das Kilo. – *Mme M.:* Gut, geben Sie mir ein Kilo Trauben. – *M.:* Noch etwas? – *Mme M.:* Das ist alles. Was macht es? – *M.:* Das macht insgesamt 17 F.

I.3. Grammatik

1. Die Grundzahlen von 0 bis 20

0 zéro	*sero*						
1 un, une	*ä̃, ün*	6 six	*ßiß*	11 onze	*õs*	16 seize	*ßäs*
2 deux	*dö*	7 sept	*ßät*	12 douze	*dus*	17 dix-sept	*dißät*
3 trois	*troa*	8 huit	*üit*	13 treize	*träs*	18 dix-huit	*disüit*
4 quatre	*katrö*	9 neuf	*nöf*	14 quatorze	*katɔrs*	19 dix-neuf	*disnöf*
5 cinq	*ßä̃k*	10 dix	*diß*	15 quinze	*kä̃s*	20 vingt	*vä̃*

2. Der Teilungsartikel du, de la, de l'

a) Formen

maskulin	**du**	**de l'** (vor Vokal + stummem h)
	du vin *(Wein)*	de l'argent *(Geld)*
feminin	**de la**	**de l'** (vor Vokal + stummem h)
	de la bière *(Bier)*	de l'eau *(Wasser)*

b) Gebrauch

Mit **du, de la, de l'** wird eine unbestimmte Menge eines (nicht zählbaren) Stoffes bezeichnet.

Es gibt im Deutschen keine Entsprechung für den Teilungsartikel:

Ich habe Wein = j'ai du vin
Ich habe Geld = j'ai de l'argent

3. Der Artikel im Französischen

Übersicht

	bestimmter Artikel	unbestimmter Artikel	Teilungsartikel
Singular maskulin	**le**	**un**	**du**
feminin	**la**	**une**	**de la**
Sonderform vor Vokal oder stummem h	**l'**	–	**de l'**
Plural maskulin + feminin	**les**	**des**	**des**

4. Anmerkung zu des

Des wird in der Regel als die Pluralform des unbestimmten Artikels (un, une) angesehen.

Z.B.: J'achète **des tomates.** *Ich kaufe Tomaten.*
Donnez-moi **des tomates!** *Geben Sie mir Tomaten!*

Des tomates bedeutet hier soviel wie *von den Tomaten, die angeboten werden.* In diesem Fall bezeichnet **des** als Pluralform einen Teil des Vorhandenen und hat damit dieselbe Funktion wie der Teilungsartikel.

I.4. Wortschatz

le marché	*lö marsche*	Markt
au marché	*o marsche*	auf dem Markt
le marchand	*lö marschã*	Händler
et	*e*	und
pour vous	*pur wu*	für Sie
qu'est-ce que ce sera?	*kä‿ßö kö ßö ßö**ra***	(hier) was darf es sein?
donner	*dɔne*	geben
donnez-moi …	*dɔne moa*	geben Sie mir …
le kilo	*lö kilo*	Kilo
la tomate	*la tɔmat*	Tomate
la salade	*la ßalad*	Salat
et avec ça?	*e awäk ßa*	und dazu?
l'abricot *m*	*labriko*	Aprikose
les raisins	*le räsä̃*	Trauben
ce sera tout	*ßö ßöra tu*	das ist alles
je vous dois combien?	*ʒö wu doa kõbjä̃*	was macht es?
ça fait …	*ßa fä*	es macht …
en tout	*ã tu*	insgesamt

II.1. Monsieur Meyer fait les courses

Monsieur Meyer: *M.M.,* Madame Meyer: *Mme M.*

Mme M.: Tu fais les courses pour le pique-nique aujourd'hui?
*tü fä le kurs pur lö piknik oʒurd**üi***

M.M.: Si tu veux, qu'est-ce que j'achète?
*ßi tü w**ö** kä‿ßö kö ʒasch**ät***

Mme M.: Il nous faut du vin, de l'eau minérale, du fromage, de
il nu fo dü wã̄ dö lo mineral dü fromaʒ dö

la bière et des fruits.
la bjär e de früi

M. M.: Je vais au marché. Tu as besoin d'autre chose?
ʒö wä o marsche tü a bösoã̄ d otrö schos

Mme M.: Je n'ai plus de cigarettes.
ʒö ne plü dö ßigarät

M. M.: Qu'est-ce que tu veux comme cigarettes?
kä‿ßö kö tu wö kom ßigarät

Mme M.: Un paquet de Gitanes sans filtre.
ã̄ pakä dö ʒitan sã filtrö

M. M.: Bon, à tout à l'heure.
bõ a tut‿a lör

II.2. Übersetzung

Herr Meyer geht einkaufen

Herr Meyer: *M. M.,* Frau Meyer: *Mme M.*
Mme M.: Gehst du heute für das Picknick einkaufen? – *M. M.:* Wenn du willst, was soll ich kaufen? – *Mme M.:* Wir brauchen Wein, Mineralwasser, Käse, Bier und Obst. – *M. M.:* Ich gehe auf den Markt. Brauchst du sonst etwas? – *Mme M.:* Ich habe keine Zigaretten mehr. – *M. M.:* Was willst du für welche haben? – *Mme M.:* Eine Packung Gitanes ohne Filter. – *M. M.:* Gut, bis später.

II.3. Grammatik

1. Mengenangaben

M. Meyer	achète	*(Herr Meyer kauft):*
un kilo	de tomates	*(ein Kilo Tomaten)*
un litre	de vin	*(einen Liter Wein)*
un paquet	de cigarettes	*(eine Packung Zigaretten)*
beaucoup	de fruits	*(viel Obst)*
un kilo	d'abricots	*(ein Kilo Aprikosen)*

Nach Mengewörtern (un kilo, un paquet, beaucoup, un litre usw.) steht immer de + Substantiv (vin, tomates usw.) ohne Artikel. Vor Substantiven, die mit Vokal (a, e, i, o, u) oder stummem h anfangen, steht d'. Z. B.: un kilo d'abricots.

2. Die Verneinung

je	**ne**	suis	**pas**	en voiture	*(ich bin*	***nicht***	*mit dem Auto da)*
il	**ne**	parle	**pas**	allemand	*(er spricht*	***nicht***	*Deutsch)*
elle	**n'**	a	**pas de**	raisins	*(sie hat*	***keine***	*Trauben)*
je	**n'**	ai	**pas de**	vin	*(ich habe*	***keinen***	*Wein)*
je	**n'**	ai pas	**d'**	abricots	*(ich habe*	***keine***	*Aprikosen)*

Die Verneinung besteht aus zwei Teilen, die das Verb einschließen:

ne … pas	*nicht*	**ne … pas de**	*kein*
ne … plus	*nicht mehr*	**ne … plus de**	*kein mehr*

Merke: In einem Verneinungssatz werden der unbestimmte Artikel (un, une, des) und der Teilungsartikel (du, de la, des) durch **de** ersetzt.

Merke: Nach verneintem être steht immer der Teilungsartikel. Z. B.: Ce n'est pas **du vin** *(es ist **kein Wein**).*

Vor Vokal oder stummem h steht **n'** bzw. **d'** statt ne … pas oder ne … pas de. Z. B.: Je **n'**ai pas **d'**abricots.

3. Das Präsens der Verben aller, faire und acheter

aller *gehen*

je	vais	*[ʒ^{ö} wä]*	*ich*	*gehe*
tu	vas	*[tü wa]*	*du*	*gehst*
il/elle	va	*[il/äl wa]*	*er/sie/es*	*geht*
nous	allons	*[nus‿alõ]*	*wir*	*gehen*
vous	allez	*[wus‿ale]*	*ihr*	*geht*
ils/elles	vont	*[il/äl wõ]*	*sie*	*gehen*

faire *machen*

je	fais	*[ʒ^{ö} fä]*	*ich*	*mache*
tu	fais	*[tü fä]*	*du*	*machst*
il/elle	fait	*[il/äl fä]*	*er/sie/es*	*macht*
nous	faisons	*[nu f^{ö}sõ]*	*wir*	*machen*
vous	faites	*[wu fät]*	*ihr*	*macht*
ils/elles	font	*[il/äl fõ]*	*sie*	*machen*

acheter *kaufen*

j'	achète	*[ʒaschät]*	*ich*	*kaufe*
tu	achètes	*[tü‿aschät]*	*du*	*kaufst*
il/elle	achète	*[il‿aschät/äl‿aschät]*	*er/sie/es*	*kauft*
nous	achetons	*[nus‿asch^{ö}tõ]*	*wir*	*kaufen*
vous	achetez	*[wus‿asch^{ö}te]*	*ihr*	*kauft*
ils/elles	achètent	*[ils‿aschät/äls‿aschät]*	*sie*	*kaufen*

Merke: acheter verändert vor einer Endung mit „stummem e" das e des Stammes in **-è-**.
Z. B.: j'ach**è**te [*ʒaschät*] *(ich kaufe)*
vous ach**e**tez [*wus‿asch^{ö}te*] *(ihr kauft)*
werden unterschiedlich ausgesprochen.

II.4. Wortschatz

faire	*fär*	machen, tun
faire les courses	*fär le kurß*	einkaufen
pour	*pur*	für
le pique-nique	*l^{ö} piknik*	Picknick
aujourd'hui	*oʒurdüi*	heute
si tu veux	*ßi tü wö*	wenn du willst
qu'est-ce que …	*kä‿ß^{ö} k^{ö}*	was …
acheter	*aschte*	kaufen
il nous faut …	*il nu fo*	wir brauchen …
le vin	*l^{ö} wã*	Wein
l'eau minérale *f*	*lo mineral*	Mineralwasser
le fromage	*l^{ö} fromaʒ*	Käse
la bière	*la bjär*	Bier

les fruits	*le früi*	Obst
aller	*ale*	gehen
le marché	*l^ö marsche*	Markt
avoir besoin de	*awoar b^ö soã d^ö*	brauchen
autre chose	*otr^ö schos*	etwas anderes
la cigarette	*la ßigarät*	Zigarette
comme	*kɔm*	als
le paquet	*l^ö pakä*	*(hier)* Packung
sans	*ßã*	ohne
le filtre	*l^ö filtr^ö*	Filter
à tout à l'heure	*a tut‿a lɔ̈r*	bis später

II.5. Übungen

1. Schreiben Sie die in Klammern stehenden Zahlen aus:
Elle a (6) .... voitures. Il me faut (2) .... kilos de raisins. Les raisins sont à (15) .... F le kilo. Ils achètent (5) .... paquets de cigarettes. Ça fait (18) .... F.

2. Setzen Sie die richtigen Formen ein:
Je .... (aller) au marché. Vous .... (acheter) des fruits. Tu .... (faire) les courses. Il .... (aller) à Paris. Tu .... (acheter) de la bière. Ils .... (faire) les courses.

3. Setzen Sie ***ne ... pas*** *bzw.* ***ne ... pas de*** *in folgenden Sätzen ein:*
Muster:

Tu cherches le plan.	*Tu ne cherches pas le plan.*
Il a des cigarettes.	*Il n'a pas de cigarettes.*
Tu fais les courses.	______________________
Elle achète des tomates.	______________________
Vous cherchez la voiture.	______________________
Ils ont des cigarettes.	______________________
Vous achetez une voiture.	______________________
Nous avons du vin.	______________________

4. Setzen Sie ***du, de la, de l', des*** *oder* ***de*** *ein:*
Donnez-moi .... tomates, ... fromage, un kilo .... raisins, ... eau minérale, ... bière, un paquet .... cigarettes.

5. Übersetzen Sie:
Heute gehen wir einkaufen. Ich kaufe Früchte auf dem Markt. Haben Sie Aprikosen? Nein, ich habe keine Aprikosen mehr. Was kosten die Trauben? 10 F das Kilo. Geben Sie mir 2 Kilo Trauben. Was macht es? Es macht 20 F.

Leçon 3 – Lektion 3

M. et Mme Meyer dans un grand magasin
Herr und Frau Meyer in einem Kaufhaus

I.1. Au rayon des jouets

Monsieur Meyer: *M.M.*, la vendeuse: *V.*

M.M.: Pardon, Madame, où se trouve le rayon des jouets?
*pard**õ** mad**am** u ßö truw lö räjõ de ʒu**ä***

V.: Au premier étage, Monsieur.
*o prömjer‿eta**ʒ** möß**jö***

M.M.: Merci, Madame.
*märß**i** mad**am***

V.: Bonjour, Monsieur, vous désirez?
*bõ**ʒur** möß**jö** wu desi**re***

M.M.: Je cherche un cadeau pour mon filleul.
*ʒö schärsch ã kado pur mõ fij**öl***

3

V.: Quel âge a - t - il?
käl‿aʒ a‿t‿il

M.M.: Il a 3 ans, qu'est-ce que vous avez pour cet âge?
il‿a troas‿ã kä‿ßö‿ kö wus‿awe pur ßät‿aʒ

V.: Des livres d'images?
de liwrö dimaʒ

M.M.: Non, il en a déjà beaucoup.
nõ il‿ãn‿a deʒa boku

V.: Alors, ce jeu de construction? Est-ce qu'il en a
alɔr ßö ʒö dö kõßtrükßjõ ä‿ßö‿kil‿ ãn‿a

déjà un?
deʒa ã

M.M.: Je crois qu'il n'en a pas, c'est combien?
ʒö kroa kil nãn‿a pa ßä kõbjã

V.: 40 F.
karãt frã

M.M.: Bon, je le prends.
bõ ʒö lö prã

V.: Vous payez à la caisse 3, s'il vous plaît.
wu peje a la käß troa ßil wu plä

M.M.: Au revoir, Mademoiselle.
o röwoar madmoasäl

I.2. Übersetzung

In der Spielwarenabteilung

Herr Meyer: *M.M.*, die Verkäuferin: *V.*
M.M.: Entschuldigung, wo ist die Spielwarenabteilung? – *V.:* Im ersten Stock. – *M.M.:* Danke schön. – *V.:* Guten Tag, kann ich behilflich sein? – *M.M.:* Ich suche ein Geschenk für mein Patenkind. – *V.:* Wie alt ist es? – *M.M.:* Es ist drei Jahre alt, was haben Sie für dieses Alter? – *V.:* Wie wäre es mit Bilderbüchern? – *M.M.:* Nein, er hat schon viele. – *V.:* Wie wäre es mit diesem

Baukasten? - *M.M.:* Ich glaube, er hat keinen. Was kostet er? - *V.:* 40 F. - *M.M.:* Gut, ich nehme ihn. - *V.:* Bitte zahlen Sie an der Kasse 3. - *M.M.:* Auf Wiedersehen!

I.3. Grammatik

1. Die Grundzahlen von 21 bis 69

21 vingt **et** un	*wẫt‿e‿ẫ*	40 quarante	*karãt*
22 vingt-deux	*wẫt‿dö*	41 quarante **et** un	*karãt‿e‿ẫ*
23 vingt-trois		42 quarante-deux	
24 vingt-quatre		usw.	
25 vingt-cinq		50 cinquante	*ßẫkãt*
26 vingt-six		51 cinquante **et** un	
27 vingt-sept		52 cinquante-deux	
28 vingt-huit		usw.	
29 vingt-neuf		60 soixante	*ßoaßãt*
30 trente	*trãt*	61 soixante **et** un	
31 trente **et** un	*trãt‿e‿ẫ*	62 soixante-deux	
32 trente-deux		usw.	
33 trente-trois usw.			

2. Das Pronominaladverb en

Beispiel:

Tu as des cigarettes? — *Hast du Zigaretten?*
Oui, j'en ai. — *Ja, ich habe welche.*

Vorkommen

a) en steht für ein Akkusativobjekt, das eine Mengenangabe bezeichnet. Mengewörter (z. B. un kilo - ein Kilo, un paquet - eine Packung usw.), Adverbien wie beaucoup - viel, trop - zuviel, der Teilungsartikel (du, de la, de l') und der unbestimmte Artikel (un, une; des) bezeichnen eine Mengenangabe.

b) en steht für eine Ergänzung mit de, die sich auf Sachen bezieht.

3

Übersicht

a) **un** + AO*) ersetzt durch **en**	Tu as **un** plan de Paris? „ „ „ „ „ „	Oui, j'ai un plan de Paris. Oui, j'**en** ai un.
des + AO*) ersetzt durch **en**	Tu as **des** cigarettes? „ „ „ „	Oui, j'ai des cigarettes. Oui, j'**en** ai.
de + AO*) (verneint) ersetzt durch **en**	Tu as **des** cigarettes? „ „ „ „	Non, je n'ai pas de cigarettes. Non, je n'**en** ai pas.
du + AO*) ersetzt durch **en**	Tu achètes **du** vin? „ „ „ „	Oui, j'achète du vin. Oui, j'**en** achète.
de la + AO*) (verneint) ersetzt durch **en**	Tu achètes **de la** bière? „ „ „ „ „	Non, je n'achète pas de bière. Non, je n'**en** achète pas.
(un kilo) **de** + AO*) ersetzt durch **en**	Je voudrais **un kilo de** raisins.	J'**en** voudrais un kilo.
(trop) **de** + AO*) ersetzt durch **en**	J'ai **trop de** café.	J'**en** ai trop.

b) de cigarettes ersetzt durch **en**	 Tu as besoin de cigarettes? „ „ „ „ „	 Oui, j'ai besoin de cigarettes. Oui, j'**en** ai besoin.
de football ersetzt durch **en**	Tu parles de football? „ „ „ „	Oui, je parle de football. Oui, j'**en** parle.

*) AO = Akkusativobjekt

Merke: en wird im Deutschen verschieden wiedergegeben:

Tu as des cigarettes?	Oui, j'**en** ai.	*Ja, ich habe welche.*
	Non, je n'**en** ai pas.	*Nein, ich habe keine.*
Tu as combien de cigarettes?	J'**en** ai deux.	*Ich habe zwei.*
	J'**en** ai une.	*Ich habe eine.*

I.4. Wortschatz

le jouet	*lö ʒuä*	Spielzeug
le rayon des jouets	*lö räjõ de ʒuä*	Spielwarenabteilung
la vendeuse	*la wãdös*	Verkäuferin
pardon	*pardõ*	Entschuldigung
où se trouve ...?	*u ßö truw*	wo ist bzw. befindet sich ...?
le premier étage	*lö prömjer‿etaʒ*	erster Stock
vous désirez?	*wu desire*	*(hier)* kann ich behilflich sein? *(wörtlich:* Sie wünschen?)
le cadeau	*lö kado*	Geschenk
le filleul	*lö fijöl*	Patenkind
quel âge a-t-il?	*käl aʒ a‿t‿il*	wie alt ist es, er?
l'an *m*	*lã*	Jahr
le livre	*lö liwrö*	Buch
le livre d'images	*lö liwrö dimaʒ*	Bilderbuch
déjà	*deʒa*	schon
beaucoup	*boku*	viel
le jeu de construction	*lö ʒö dö kõstrükßjõ*	Baukasten
c'est combien?	*ßä kõbjã*	was macht, kostet das?
prendre	*prãdrö*	nehmen
payer	*peje*	zahlen
la caisse	*la käß*	Kasse
mademoiselle	*madmoasäl*	Fräulein

II.1. Madame Meyer achète un pull

Madame Meyer: *Mme M.*, la vendeuse: *V.*

V.: Bonjour, Madame, vous désirez?
bõʒur madam wu desire

Mme M.: Je voudrais essayer le pull à 35 F en vitrine.
ʒö wudrä eßeje lö pül a trãtßã frã ã witrin

V.: Vous faites quelle taille?
*wu fät käl t**a**j*

Mme M.: Je fais du 40.
*ʒö fä dü kar**ã**t*

V.: Voilà, la cabine d'essayage est libre … ça va?
*woal**a** la kabin deßäjaʒ ä l**i**brö ßa w**a***

Mme M.: La taille, ça va, mais la couleur ne me plaît pas.
*la taj ßa w**a** mä la kulɔ̈r nö mö plä p**a***

V.: Qu'est-ce que vous voulez comme couleur?
*k‿ä‿ßö‿kö wu wule kom kul**ö**r*

Mme M.: Du rouge ou du noir.
*dü ruʒ‿u dü no**a**r*

V.: J'ai les deux. Qu'est-ce que vous préférez?
*ʒe le d**ö** k‿ä‿ßö‿kö wu prefer**e***

Mme M.: Je préfère le rouge.
*ʒö prefär lö r**u**ʒ*

II.2. Übersetzung

Frau Meyer kauft einen Pulli

Frau Meyer: *Mme M.,* die Verkäuferin: *V.*
V.: Guten Tag, kann ich behilflich sein? – *Mme M.:* Ich möchte den Pulli zu 35 F aus dem Schaufenster anprobieren. – *V.:* Welche Größe haben Sie? – *Mme M.:* Ich habe 40. – *V.:* Hier ist der Pulli, die Umkleidekabine ist frei … Paßt er? – *Mme M.:* Die Größe stimmt, aber die Farbe gefällt mir nicht. – *V.:* Welche Farbe möchten Sie? – *Mme M.:* Rot oder schwarz. – *V.:* Ich habe beide, was ist Ihnen lieber? – *Mme M.:* Ich mag lieber den roten.

II.3. Grammatik

1. Das adjektivische Demonstrativpronomen ce, cet, cette, ces
Beispiele:
ce pull – *dieser Pulli;* cette couleur – *diese Farbe*

Singular			Plural
maskulin		feminin	mask. + fem.
vor Konsonant	vor Vokal oder stummem h		
ce	**cet**	**cette**	**ces**
ce pull	cet hôtel	cette voiture	ces touristes
ce magasin	cet âge	cette vendeuse	ces vendeuses

Merke: ce, cet, cette, ces richten sich wie ein Adjektiv in Genus und Numerus nach dem Bezugswort.

2. Das Präsens der Verben prendre und préférer

prendre *(nehmen)*			préférer *(vorziehen)*		
je	prends	*[ʒ^{ö} prã]*	je	préfère	*[ʒ^{ö} prefär]*
tu	prends	*[tü prã]*	tu	préfères	*[tü prefär]*
il/elle	prend	*[il/äl prã]*	il/elle	préfère	*[il/äl prefär]*
nous	prenons	*[nu pr^{ö}nõ]*	nous	préférons	*[nu preferõ]*
vous	prenez	*[wu pr^{ö}ne]*	vous	préférez	*[wu prefere]*
ils/elles	prennent	*[il/äl prän]*	ils/elles	préfèrent	*[il/äl prefär]*

Merke: préférer verändert vor einer Endung mit „stummem e" das -é- des Stammes zu -è-. Es handelt sich hier um eine Besonderheit der Rechtschreibung und der Aussprache einiger Verben auf -er.

3. Der Fragesatz mit est-ce que …
Beispiel:
est-ce que tu prends ce pull? *Nimmst du diesen Pulli?*

Est-ce que steht immer am Anfang des Satzes (sofern das Fragewort fehlt, vgl. S. 132 u. 138). Die Wortstellung entspricht derjenigen in einem Aussagesatz. Die Frageform mit **est-ce que** ist sehr gebräuchlich.

Aussagesatz	Fragesatz mit est-ce que
Il fait les courses.	Est-ce qu'il fait les courses?
Elle préfère ce pull.	Est-ce qu'elle préfère ce pull?

II.4. Wortschatz

le pull	*lö pül*	Pulli
essayer	*eßeje*	anprobieren
la vitrine	*la witrin*	Schaufenster
en vitrine	*ã witrin*	aus dem/im Schaufenster
la taille	*la taj*	Kleidergröße
je fais du 40	*ʒö fä dü karãt*	ich habe 40 (Kleidergröße)
la cabine d'essayage	*la kabin deßäjaʒ*	Umkleidekabine
libre	librö	frei
ça va?	*ßa wa*	*(hier)* paßt er?
la couleur	*la kulör*	Farbe
… ne me plaît pas	*nö mö plä pa*	… gefällt mir nicht
qu'est-ce que vous voulez?	*kä‿ßö‿kö wu wule*	was möchten Sie?
rouge	*ruʒ*	rot
noir	*noar*	schwarz
préférer	*prefere*	lieber haben, vorziehen

II.5 Übungen

1. Setzen Sie ***en*** *in die folgenden Sätze ein:*

Muster:

Vous avez du vin? Qui, j'**en** ai *(ja, ich habe welchen).*

Vous avez du vin? Non, je n'**en** ai pas *(nein, ich habe keinen).*

Vous avez des cigarettes? Oui, ______________________

Vous avez un hôtel? Non, ______________________

Vous avez des raisins? Oui, ______________________

Vous avez beaucoup de tomates? Oui, ______________________

Vous avez une voiture? Non, ______________________

2. Setzen Sie ***ce, cet, cette*** *oder* ***ces*** *ein:*
Donnez-moi .... salade. Je préfère .... pull. Elle préfère .... couleur. Donnez-moi .... cigarettes. Je n'ai pas .... jeu de construction. .... jouet n'est pas pour .... âge.

3. Machen Sie aus folgenden Aussagesätzen Fragen mit ***est-ce que:***
Muster:

Il cherche cet hôtel.	*Er sucht dieses Hotel.*
Est-ce qu'il cherche cet hôtel?	*Sucht er dieses Hotel?*

Il a une voiture. ______________________

Le rayon des jouets est au premier étage. ______________________

Vous achetez un pull rouge. ______________________

Tu vas à Paris. ______________________

4. Lesen Sie die Zahlen:
La bouteille de vin, c'est 4 F 38. Le paquet de cigarettes, c'est 2 F 50. Le kilo de raisins, c'est 3 F 60. Il a 15 ans. Elle a 55 ans. Tu as 31 ans.

5. Übersetzen Sie:
Ich möchte ein Geschenk für mein Patenkind. Die Verkäuferin ist 22 Jahre alt. Ich habe Kleidergröße 38. Ich kaufe diesen Pulli nicht, er gefällt mir nicht. Wo ist die Bücherabteilung? (*Bücher* = livres) Ich nehme diese drei Bücher. Auf Wiedersehen!

Leçon 4 – Lektion 4

Au café et au restaurant

Im Café und im Restaurant

I.1. Au café

Madame Meyer: *Mme M.,* Monsieur Meyer: *M. M.,* le garçon: *G.*

Mme M.: Qu'est-ce que tu prends?
*kä‿ßö‿ kö tü pr**ã***

M. M.: Encore un café, et toi?
*ãkɔr ã̄ ka**fe** e to**a***

Mme M.: Pour moi un autre jus d'orange.
*pur moa ã̄n‿otrö ʒü dɔr**ãʒ***

M. M.: Qu'est-ce qu'on fait ce soir?
*kä‿ßö‿ kõ fä ßö ßo**ar***

Mme M.: Ce soir on va au restaurant avec René.
*ßö ßo**ar** õ wa o rästɔ**rã** awäk rö**ne***

M.M.: C'est une bonne idée. À quelle heure est-ce qu'il
ßät‿ün bɔn ide a käl‿ɔr ä‿ßö‿ kil

finit de travailler?
fini dö trawaje

Mme M.: A 7 heures. Il nous attend au «Celtic» à 8 heures.
a ßät‿ɔ̈r il nus‿atã o ßältik a üit‿ɔ̈r

M.M.: Ah, voilà le garçon. Garçon , s'il vous plaît!
a woala lö garßõ garßõ ßil wu plä

G.: Oui, Monsieur, vous désirez?
ui mößjö wu desire

M.M.: Encore un café et un jus d'orange, et l'addition, s'il
ãkɔr ɑ̃̈ kafe e ɑ̃̈ ʒü dɔrãʒ e ladißjõ ßil

vous plaît.
wu plä

I.2. Übersetzung

Im Café

Frau Meyer: *Mme M.,* Herr Meyer: *M.M.,* der Kellner: *G.*
Mme M.: Was nimmst du? – *M.M.:* Noch einen Kaffee, und du? – *Mme M.:* Für mich noch einen Orangensaft. – *M.M.:* Was machen wir heute abend? – *Mme M.:* Heute abend gehen wir zum Essen mit René. – *M.M.:* Gute Idee. Um wieviel Uhr ist er mit der Arbeit fertig? – *Mme M.:* Um 7 Uhr. Er wartet auf uns im „Celtic". – *M.M.:* Ah, hier kommt der Kellner, bitte, Herr Ober! – *G.:* Ja, bitte? – *M.M.:* Noch einen Kaffee und einen Orangensaft, und die Rechnung, bitte.

I.3. Grammatik

1. Die betonten Personalpronomen

Beispiel:

Pour **moi** un café et pour **toi**? *Für mich einen Kaffee und für dich?*

a) Formen

j'ai le plan	c'est **moi**	qui ai le plan
tu as le plan	c'est **toi**	qui as le plan
il a le plan	c'est **lui**	qui a le plan
elle a le plan	c'est **elle**	qui a le plan
nous avons le plan	c'est **nous**	qui avons le plan
vous avez le plan	c'est **vous**	qui avez le plan
ils ont le plan	c'est **eux**	qui ont le plan
elles ont le plan	c'est **elles**	qui ont le plan

b) Gebrauch

Moi, toi, lui usw. stehen nach Präpositionen.
Beispiele:

Le café, c'est **pour toi?** — *Ist der Kaffee für dich?*
Elle va au restaurant **avec moi.** — *Sie geht mit mir ins Restaurant.*
Ils vont au restaurant **sans toi.** — *Sie gehen ohne dich ins Restaurant.*

Moi, toi, lui usw. werden alleinstehend gebraucht (d. h. nicht in Verbindung mit dem Verb, weshalb sie auch unverbundene Personalpronomen heißen) und nach être bzw. **c'est** – *das/es ist* und **ce sont** – *das/es sind.*
Beispiele:

Qui est là? — *Wer ist da?*
C'est moi. — *Ich bin's.*

Die betonten Personalpronomen werden oft in Verbindung mit der Hervorhebungsform **c'est … qui** gebraucht.
Beispiel:

C'est moi qui … — *Ich (bin es, der) …* = betontes ich.

Im Unterschied zum Deutschen werden im Französischen Satzteile nicht durch die Betonung hervorgehoben, sondern durch besondere Hervorhebungsformen: **C'est … qui …** steht dann, wenn der Schwerpunkt der Aussage das Subjekt ist.
Beispiel:

C'est moi qui fais les courses. — *Ich bin es, der/die einkauft.*

2. On in der Bedeutung von nous

Das unbestimmte Personalpronomen **on** *(man)* kann in der Alltagssprache die erste Person Plural (nous - *wir*) ersetzen.

Beispiel:

Qu'est-ce qu'**on** fait ce soir = Qu'est-ce que **nous** faisons ce soir?	*Was machen wir heute abend?*

3. Qu'est-ce que …? = Was …?

Qu'est-ce que bildet die direkte Frage nach dem Akkusativobjekt.

Beispiele:

Qu'est-ce que tu cherches?	*Was suchst du?*
Qu'est-ce qu'il achète?	*Was kauft er?*

Merke: Vor Vokal steht qu'est-ce **qu'**…

I.4. Wortschatz

le café	*l^{ö} kafe*	*(Getränk)* Kaffee; *(Ort)* Café
le restaurant	*l^{ö} rästɔrã*	Restaurant
le garçon. Garçon!	*l^{ö} garßõ. garßõ*	Kellner. Herr Ober!
encore	*ãkɔr*	noch
le jus d'orange	*l^{ö} ʒü dɔrãʒ*	Orangensaft
ce soir	*ß^{ö} ßoar*	heute abend
avec	*awäk*	mit
c'est une bonne idée	*ß‿ät‿ün bɔn‿ide*	gute Idee!
à quelle heure …?	*a käl ɔ̈r*	um wieviel Uhr?
finir	*finir*	beenden, aufhören
travailler	*trawaje*	arbeiten
finir de travailler	*finir d^{ö} trawaje*	mit der Arbeit fertig sein
à 7 h (= heures)	*a ßät ɔ̈r*	um 7 Uhr
attendre	*atãdr^{ö}*	warten, erwarten
l'addition *f*, s'il vous plaît	*ladißjõ ßil wu plä*	bitte zahlen

II.1. Au restaurant

Madame Meyer: *Mme M.*, Monsieur Meyer: *M. M.*, le garçon: *G.*, René: *R.*

Mme M.: Tu finis mon Pernod, c'est trop pour moi.
tü fini mõ pärn**o** ß‿ä tro pur mo**a**

M. M.: Bon, choisis ton menu.
b**õ** schoasi tõ mön**ü**

Mme M.: Je prends aussi le menu à 45 F, et vous René?
ʒö prã oßi lö mönü a karãtßã̄ fr**ã** e wu rö**ne**

R.: Moi aussi. C'est vous qui avez la carte. Qu'est-ce
moa oß**i** ß‿ä wu ki awe la k**a**rt k‿ä‿ßö‿

qu'il y a comme hors-d'œuvre?
k‿il‿j‿a kɔm ɔrdɔ̈wrö

Mme M.: Hors-d'œuvre: rillettes ou salade niçoise, après, côte-
ɔrdɔ̈wrö rijät u ßalad nißo**a**s apr**ä** kot-

lettes d'agneau ou steak au poivre, frites ou haricots
lät danjo u ßtäk o po**a**wrö frit u ariko

verts, fromage, dessert.
wär from**aʒ** deß**är**

R.: Bon, je préfère les rillettes. Garçon, s'il vous plaît!
b**õ** ʒö prefär le rij**ät** garß**õ** ßil wu pl**ä**

G.: Oui, pour ces Messieurs, Dames qu'est-ce que ce
**ui** pur ße mösjö d**a**m k‿ä‿ßö‿kö ßö

sera?
_ßö**ra**_

M. M.: 3 menus à 45 F, 2 rillettes, 1 salade niçoise,
troa mön**ü** a karãtßã̄ fr**ã** dö rij**ät** ünßalad nißo**a**s

2 côtelettes d'agneau, 1 steak au poivre, 3 haricots
dö kotlät danj**o** ã̄ßtäk o po**a**wrö troa ariko

verts, pour le dessert on verra plus tard.
w**är** pur lö deß**är** õ wära plü t**a**r

G.: Et comme boisson?
e kɔm boaßõ

M.M.: Une bouteille de rosé.
ün butäj d^ö rose

II.2. Übersetzung

Im Restaurant

Frau Meyer: *Mme M.,* Herr Meyer: *M.M.,* ein Kellner: *G.,* René, ein Freund von Meyers: *R.*

Mme M.: Trinkst du meinen Pernod aus, es ist mir zuviel. – *M.M.:* Gut, suche dir ein Menü aus. – *Mme M.:* Ich nehme auch das Menü zu 45 F, und Sie, René? – *R.:* Ich auch. Sie haben die Karte. Was gibt's als Vorspeise? – *Mme M.:* Vorspeise: Fleischpastete oder gemischter Salat, dann Lammkoteletts oder Pfeffersteak, Pommes frites oder grüne Bohnen, Käse, Nachspeise. – *R.:* Gut, ich nehme lieber die Fleischpastete. Herr Ober, bitte. – *G.:* Was nehmen die Herrschaften? – *M.M.:* Drei Menüs zu 45 F, zwei Fleischpasteten, einen gemischten Salat, zwei Lammkoteletts, ein Pfeffersteak, dreimal grüne Bohnen. Die Nachspeise wählen wir später. – *G.:* Und zu trinken? – *M.M.:* Eine Flasche Rosé.

II.3. Grammatik

1. Verben auf -ir und -re
Präsensbildung

-ir

choisir *wählen*

je	choisis	*[ʒ^ö schoasi]*	*ich*	*wähle*
tu	choisis	*[tü schoasi]*	*du*	*wählst*
il/elle	choisit	*[il/äl schoasi]*	*er/sie/es*	*wählt*
nous	choisissons	*[nu schoasißõ]*	*wir*	*wählen*
vous	choisissez	*[wu schoasiße]*	*ihr*	*wählt*
ils/elles	choisissent	*[il/äl schoasiß]*	*sie*	*wählen*

-re

attendre *warten*

j'	attends	*[ʒatã]*	*ich*	*warte*
tu	attends	*[tü‿atã]*	*du*	*wartest*
il/elle	attend	*[il‿atã/äl‿atã]*	*er/sie/es*	*wartet*
nous	attendons	*[nus‿atãdõ]*	*wir*	*warten*
vous	attendez	*[wus‿atãde]*	*ihr*	*wartet*
ils/elles	attendent	*[ils‿atãd/äls‿atãd]*	*sie*	*warten*

2. Die Personalpronomen im Akkusativ: le, la, l', les

le, la, l' (vor Vokal oder stummem h), **les** ersetzen ein Akkusativobjekt und verweisen auf ein vorher genanntes Substantiv zurück, mit dem sie in Genus und Numerus übereinstimmen.

Beispiele:

Vous cherchez la rue Vauban?	*Suchen Sie die Vaubanstraße?*
Oui, je **la** cherche.	*Ja, ich suche sie.*
Vous cherchez les touristes?	*Suchen Sie die Touristen?*
Oui, je **les** cherche.	*Ja, ich suche sie.*
Vous cherchez le plan?	*Suchen Sie den Plan?*
Oui, je **le** cherche.	*Ja, ich suche ihn.*

II.4. Wortschatz

finir	*finir*	*(hier)* austrinken
trop	*tro*	zuviel
choisir	*schoasir*	aussuchen, wählen
le menu	*lö mönü*	Menü
aussi	*oßi*	auch
moi aussi	*moa oßi*	ich auch
la carte	*la kart*	Speisekarte
il y a …	*il‿j‿a*	es gibt …
le hors-d'œuvre	*lö ɔrdɔ̃wrö*	Vorspeise
les rillettes	*le rijät*	*(eine Art)* Fleischpastete
la salade niçoise	*la ßalad nißoas*	*(eine Art)* gemischter Salat
après	*aprä*	dann, danach
la côtelette	*la kotlät*	Kotelett

l'agneau *m*	*lanjo*	Lamm
le steak au poivre	*lö stäk o poawrö*	Pfeffersteak
les frites	*le frit*	Pommes frites
les haricots verts	*le ariko wär*	grüne Bohnen
le dessert	*lö deßär*	Nachspeise
Messieurs Dames	*mößjö dam*	*(Anrede)* die Herrschaften
on verra plus tard	*õ wära plü tar*	*(hier)* ... wählen wir später
la boisson	*la boaßõ*	Getränk
la bouteille	*la butäj*	Flasche
le rosé	*lö rose*	Roséwein

II.5. Übungen

1. Setzen Sie das entsprechende betonte Personalpronomen (moi, toi, lui, elle, nous, vous, eux, elles) ein:
Muster:

Je prends un café.	*Ich nehme einen Kaffee.*
Le café c'est pour **moi.**	*Der Kaffee ist für mich.*

Gisèle prend un café. Le café c'est pour .... – Tu prends un jus d'orange. Le jus d'orange c'est pour .... – Tu vas au restaurant sans René. Tu vas au restaurant sans .... – C'est .... qui choisissez des rillettes? Oui c'est .... – Les 2 desserts sont pour Maria et Claudia. Ils sont pour .... – C'est .... qui attendons M. et Mme Meyer.

*2. Ersetzen Sie in den folgenden Sätzen **nous** durch **on**:*
Muster:
Nous cherchons un hôtel.
On cherche un hôtel.

Nous finissons de travailler à 6 heures.
On .... de travailler à 6 heures.

Nous aimons la salade niçoise.
On .... la salade niçoise.

Nous faisons les courses au marché aujourd'hui.
On .... les courses au marché aujourd'hui.

Nous choisissons le menu à 40 F.
On .... le menu à 40 F.

Nous n'attendons pas Gisèle à 8 heures.
On .... Gisèle à 8 heures.

3. Setzen Sie die passenden Akkusativpronomen ***(le, la, l', les)*** *ein:*
Muster:

Je préfère les rillettes.	*Ich nehme lieber Fleischpasteten.*
Je **les** préfère.	*Ich nehme sie lieber.*

Je finis le steak au poivre. Je .... finis. Je cherche la cabine d'essayage. Je .... cherche. Je fais les courses. Je .... fais. J'attends M. et Mme Meyer. Je .... attends. Je cherche l'hôtel. Je .... cherche. J'attends l'eau minérale. Je .... attends.

4. Übersetzen Sie:
Für mich ein Bier, bitte. Was nimmst du? Ich nehme einen Orangensaft. Ich kann meine Pommes frites nicht aufessen. Was nimmst du als Getränk? Eine Flasche Mineralwasser und einen Roséwein. Herr Ober, bitte, zahlen.

Leçon 5 – Lektion 5

Monsieur et Madame Meyer vont à la gare

Herr und Frau Meyer gehen zum Bahnhof

I.1. Madame Meyer achète un billet

Madame Meyer: *Mme M.*, l'employé: *E.*

Mme M.: Je voudrais un billet pour Grenoble.
ʒ^ö wudrä ã̄ bijä pur gr^önɔbl^ö

E.: Un aller et retour?
ã̄n‿ale e r^ötur

Mme M.: Oui, donnez-moi aussi les horaires, S.V.P. (= *s'il vous plaît*).
ui done‿moa oßi les‿ɔrär ßil wu plä

E.: Vous voulez partir quand?
wu wule partir kã

Mme M.: Le matin avant 10 h ou le soir après 7 h *(h =*
lö matã awã dis‿ɔ̈r u lö ßoar aprä sät‿ɔ̈r
heures).

E.: Vous avez un train direct qui part de Paris à 8 h
wu awe ã trã diräkt ki par dö pari a üit‿ɔ̈r
et qui arrive à Grenoble à 20 h 30. Il y a aussi
e ki ariw a grönɔblö a wãt‿ɔ̈r trãt il‿j‿a oßi
un train à 9 h avec changement à Lyon.
ã trã a nöw‿ɔ̈r awäk schãʒmã a ljõ

Mme M.: À quelle heure est le train de nuit?
a käl ɔ̈r ä lö trã dö nüi

E.: Départ de Paris à 22 h 07, rapide avec sup-
depar dö pari a wãtdös‿ɔ̈r ßät rapid awäk ßü-
plément, arrivée à Grenoble à 6 h 30.
plemã arive a grönɔblö a sis ‿ɔ̈r trãt

Mme M.: Bon, réservez-moi un wagon-lit en seconde pour
bõ resärwe‿moa ã wagõ‿li ã ßögõd pur
demain.
dömã

E.: Je regrette, c'est complet. Vous voulez une couchette?
ʒö rögrät ßä kõplä wu wule ün kuschät

Mme M.: Oui, une couchette en première, S.V.P.
ui ün kuschät ã prömjär ßil wu plä

I.2. Übersetzung

Frau Meyer kauft eine Fahrkarte

Frau Meyer: *Mme M.,* der Angestellte: *E.*

Mme M.: Ich möchte eine Fahrkarte nach Grenoble. – *E.:* Hin und zurück? – *Mme M.:* Ja, geben Sie mir bitte auch den Fahrplan. – *E.:* Wann wollen Sie abfahren? – *Mme M.:* Morgens vor 10 Uhr oder abends nach 7 Uhr. – *E.:* Es gibt einen direkten Zug, der in Paris um 8 Uhr abfährt und in Grenoble um 20 Uhr 30 ankommt. Es gibt auch einen Zug um 9 Uhr mit Umsteigen in

Lyon. – *Mme M.:* Um wieviel Uhr fährt der Nachtzug? – *E.:* Abfahrt von Paris um 22 Uhr 07, Schnellzug mit Zuschlag, Ankunft in Grenoble um 6 Uhr 30. – *Mme M.:* Gut, reservieren Sie mir einen (Platz im) Schlafwagen zweiter Klasse für morgen. – *E.:* Tut mir leid, alles belegt. Möchten Sie einen Platz im Liegewagen? – *Mme M.:* Ja, einen Platz im Liegewagen erster Klasse, bitte.

I.3. Grammatik

1. Die Uhrzeit

Die Frage nach der Uhrzeit: Quelle heure est-il? – *Wieviel Uhr ist es?* Die Antwort: Il est … – *Es ist …*

In der Alltagssprache		Bei offiziellen Zeitangaben	
9 h	neuf heures (du matin[1])		
9 h 05	neuf heures cinq		
9 h 10	neuf heures dix		
9 h 15	neuf heures et quart[2]	9 h 15	neuf heures quinze
9 h 25	neuf heures vingt-cinq		
9 h 30	neuf heures et demie[3]	9 h 30	neuf heures trente
9 h 40	dix heures moins[4] vingt	9 h 40	neuf heures quarante
9 h 45	dix heures moins le quart	9 h 45	neuf heures quarante-cinq
9 h 50	dix heures moins dix	9 h 50	neuf heures cinquante
9 h 55	dix heures moins cinq		
12 h	midi[5]	12 h	douze heures
14 h	deux heures (de l'après-midi[6])	14 h	quatorze heures
22 h	dix heures du soir[7]	22 h	vingt-deux heures
24 h	minuit[8]	24 h	zéro heure/vingt-quatre heures
		9 h 30′ 22″ = 9 heures trente minutes (et) vingt-deux secondes	

[1] du matin — *dü matã* — *(hier)* morgens
[2] le quart — *l^ö kar* — Viertel
[3] demie — *d^ömi* — halb

4 moins	*moã*	weniger
5 le midi	*lö midi*	Mittag
6 l'après-midi	*laprä midi*	Nachmittag
7 du soir	*dü ßoar*	*(hier)* abends
8 le minuit	*lö minüi*	Mitternacht

2. Das Relativpronomen qui

Beispiele:

C'est un train **qui** part à 9 h.	*(Es ist) ein Zug,* ***der*** *um 9 Uhr fährt.*
C'est Mme Meyer **qui** part à 9 h.	*(Es ist) Frau Meyer,* ***die*** *um 9 Uhr abreist.*
Les touristes **qui** partent à 9 h …	*Die Touristen,* ***die*** *um 9 Uhr abreisen …*

Das Relativpronomen **qui** ist immer Subjekt und bezieht sich sowohl auf Personen als auch auf Sachen. **Qui** ist unabhängig von Genus und Numerus des Bezugswortes.

I.4. Wortschatz

la gare	*la gar*	Bahnhof
le billet pour …	*lö bijä pur*	Fahrkarte nach …
un aller	*ã ale*	einfache Fahrt
un aller et retour	*ã ale e rötur*	Rückfahrkarte
l'horaire *m*	*lɔrär*	Fahrplan
S.V.P. = s'il vous plaît	*ßil wu plä*	bitte
partir	*partir*	abfahren, wegfahren
le matin	*lö matã*	Morgen, *(auch)* morgens
avant 10 h	*awã dis ɔ̈r*	vor 10 Uhr
le soir	*lö soar*	Abend, *(auch)* abends
après 7 h	*aprä sät ɔ̈r*	nach 7 Uhr
le train	*lö trã*	Zug
arriver	*ariwe*	ankommen
le changement	*lö schãʒmã*	Umsteigen (das)
à quelle heure	*a käl ɔ̈r*	um wieviel Uhr
le train de nuit	*lö trã dö nüi*	Nachtzug
le départ	*lö depar*	Abfahrt
le rapide	*lö rapid*	Schnellzug

le supplément	*l^{ö} ßüplemã*	Zuschlag
l'arrivée	*lariwe*	Ankunft
réserver	*resärwe*	reservieren
le wagon-lit	*l^{ö} wagõ li*	Schlafwagen
en seconde	*ã ß^{ö}gõd*	zweiter Klasse
je regrette …	*ʒ^{ö} r^{ö}grät*	tut mir leid …
complet	*kõplä*	*(hier)* ausverkauft
la couchette	*la kuschät*	Platz im Liegewagen
en première	*ã pr^{ö}mjär*	erster Klasse

II.1. Le remboursement d'un billet

Monsieur Meyer: *M. M.*, l'employé: *E.*

M. M.: Pardon, Monsieur, j'ai besoin d'un renseignement. Pour
pardõ m^{ö}ßjö ʒe b^{ö}soã dã rãßänjmã pur

les remboursements de billets, il faut s'adresser où?
le rãburß^{ö}mã d^{ö} bijä il fo ßadreße u

E.: Pour les remboursements? C'est le guichet à droite des
pur le rãburß^{ö}mã ßä l^{ö} gischä a droat de

réservations.
resärwaßjõ

M. M.: Bonjour, Monsieur, je voudrais me faire rembourser un
bõʒur m^{ö}ßjö ʒ^{ö} wudrä m^{ö} fär rãburße ã

billet aller et retour Paris-Grenoble, je ne pars pas par
bijä ale e r^{ö}tur pari gr^{ö}nɔbl^{ö} ʒ^{ö} n^{ö} par pa par

le train.
l^{ö} trã

E.: Votre billet est valable 2 mois, vous pouvez l'utiliser
vɔtr^{ö} bijä ä walabl^{ö} dö moa wu puwe lütilise

plus tard.
plü tar

5

M.M.: Je sais, mais je préfère me faire rembourser.
*ʒ^ö **sä** mä ʒ^ö prefär m^ö fär rãburße*

E.: Comme vous voulez, vous l'avez acheté ici?
*kɔm wu wul**e** wu lave aschte iß**i***

M.M.: Oui, hier.
ui** ij**är

E.: Alors, je vais vous rembourser.
*alɔr ʒ^ö wä wu rãburß**e***

II.2. Übersetzung

Die Rückerstattung einer Fahrkarte
Herr Meyer: *M.M.,* der Angestellte: *E.*
M.M.: Entschuldigung, ich brauche eine Auskunft. An wen muß man sich wegen der Rückerstattung einer Fahrkarte wenden? – *E.:* Rückerstattung? Das ist der Schalter rechts von den Reservierungen. – *M.M.:* Guten Tag, ich möchte eine Rückfahrkarte Paris – Grenoble zurückerstattet haben. Ich fahre nicht mit dem Zug. – *E.:* Ihre Fahrkarte ist 2 Monate gültig. Sie können sie später benützen. – *M.M.:* Ich weiß, aber ich möchte lieber das Geld zurück. – *E.:* Wie Sie wünschen. Haben Sie sie hier gekauft? – *M.M.:* Ja, gestern. – *E.:* Dann bekommen Sie das Geld gleich von mir zurück.

II.3. Grammatik

1. Das Verb partir
Präsensbildung

partir *abfahren, wegfahren*

je	pars	*[ʒ^ö par]*	*ich*	*fahre ab*
tu	pars	*[tü par]*	*du*	*fährst ab*
il/elle	part	*[il/äl par]*	*er/sie/es*	*fährt ab*
nous	partons	*[nu partõ]*	*wir*	*fahren ab*
vous	partez	*[wu parte]*	*ihr*	*fahrt ab*
ils/elles	partent	*[il/äl part]*	*sie*	*fahren ab*

2. Il faut + Infinitiv

Beispiele:

Il faut partir.	*Man muß abfahren.*
Il faut réserver une couchette.	*Man muß einen Platz im Liegewagen reservieren.*

Il faut ist ein unpersönlicher Ausdruck (3. Person Singular des Infinitivs von falloir = *müssen, sollen*) und bedeutet in Verbindung mit einem Infinitiv *es ist nötig, man muß.*

Il faut + Infinitiv =	es ist nötig zu ... man muß ...

3. Der Imperativ

Verben auf	**Bejahte Form des Imperativs**		
	Aufforderung an eine Person		
-er			
donner	**Donne** le plan!	*[dɔn – –]*	*Gib den Plan!*
geben	**Donnez** le plan!	*[dɔne – –]*	*Geben Sie den Plan!*
-ir			
choisir	**Choises** le menu!		*Wähle das Menü aus!*
auswählen	**Choisissez** le menu!		*Wählen Sie das Menü aus!*
-re			
attendre	**Attends!**		*Warte!*
warten	**Attendez!**		*Warten Sie!*

	Aufforderung an mehrere Personen	
-er		
donner	**Donnez** le plan!	*Gebt den Plan!*
geben		*Geben Sie den Plan!*

5

-ir		
choisir	**Choisissez** le menu!	*Wählt das Menü aus!*
wählen		*Wählen Sie das Menü aus!*
-re		
attendre	**Attendez!**	*Wartet!*
warten		*Warten Sie!*

Merke: Der Imperativ der Verben auf **-er** hat in der 2. Person Singular ein nicht hörbares **-e**.
Beispiel: Donne! *Gib!*

unregel-mäßige Verben	**Bejahte Form des Imperativs**		
	Aufforderung an eine Person		
aller	**Va!**		*Geh!*
gehen	(Va au marché!		*Geh auf den Markt!)*
	Allez!		*Gehen Sie!*
	(Allez au marché!		*Gehen Sie auf den Markt!)*
faire	**Fais!**		*Mach!*
machen,	(Fais les courses!		*Kauf ein!)*
tun	**Faites!**		*Machen Sie!*
	(Faites les courses!		*Kaufen Sie ein!)*
être	**Sois!**	*[ßoa]*	*Sei!*
sein	**Soyez!**	*[ßoaje]*	*Seid!*
avoir	**Aie!**	*[ä]*	*Hab!*
haben	**Ayez!**	*[äje]*	*Habt!*

	Aufforderung an mehrere Personen	
aller	**Allez!**	*Geht!*
gehen		*Gehen Sie!*
	(Allez au marché!	*Geht auf den Markt!*
		Gehen Sie auf den Markt!)

faire *machen*	**Faites!**	*Macht!* *Machen Sie!*
	(Faites les courses!	*Kauft ein!* *Kaufen Sie ein!)*
être *sein*	**Soyez!**	*Seid!* *Seien Sie!*
avoir *haben*	**Ayez!**	*Habt!* *Haben Sie!*

II.4. Wortschatz

le renseignement	*lö rãßänjmã*	Auskunft
le remboursement	*lö rãburßömã*	Rückerstattung
le billet	*lö bijä*	Fahrkarte
s'adresser à	*ßadräße a*	sich wenden (an)
le guichet	*lö gischä*	Schalter
à droite de …	*a droat dö*	rechts von …
la réservation	*la resärwaßjõ*	Reservierung
rembourser	*rãburße*	zurückerstatten
se faire rembourser	*ßö fär rãburße*	sich das Geld zurückgeben lassen
par le train	*par lö trã*	mit dem Zug
valable	*walablö*	gültig
le mois	*lö moa*	Monat
utiliser	*ütilise*	benützen
plus tard	*plü tar*	später
je sais	*ʒö ßä*	ich weiß
mais	*mä*	aber
comme vous voulez	*kɔm wu wule*	wie Sie wünschen
ici	*ißi*	hier
hier	*ijär*	gestern

II.5 Übungen

1. Schreiben Sie die folgenden Uhrzeiten aus und benützen Sie dazu die Übersichtstabelle (Alltagssprache/offizielle Zeitangaben) in Lektion 5, Grammatik I:

5

Il est 23 h ______________________________

Il est 15 h 30 ______________________________

Il est 24 h ______________________________

Il est 10 h 45 ______________________________

Il est 8 h 15 ______________________________

Il est 15 h ______________________________

Il est 12 h 30 ______________________________

Il est 16 h 45 ______________________________

2. Bilden Sie die passende Form des Imperativs:

Muster:

Tu réserves une chambre.	*Du reservierst ein Zimmer.*
Réserve une chambre!	*Reserviere ein Zimmer!*

Vous attendez le train. ______________________

Tu arrives à 7 heures. ______________________

Tu fais les courses. ______________________

Vous allez au marché. ______________________

Tu cherches les çigarettes. ______________________

Vous choisissez le menu. ______________________

*3. Formen Sie die nachfolgenden Imperative um in Sätze mit **il faut** + **Infinitiv:***

Muster:

Réservez une couchette!	*Reservieren Sie einen Platz im Liegewagen!*

Il faut réserver une couchette.	*Man muß einen Platz im Liegewagen reservieren.*
Partez à 7 h!	________________
Finis le Pernod!	________________
Remboursez les billets!	________________
Allez au marché!	________________
Attendez madame Meyer!	________________
Fais les courses!	________________

4. Übersetzen Sie:

Ich möchte eine Fahrkarte nach Paris. Wann möchten (wollen) Sie fahren? Um 10 Uhr 30. Dieser Zug ist nicht direkt, es gibt einen direkten Zug um 11 Uhr. Ich möchte einen Platz im Liegewagen erster Klasse. Tut mir leid, alles ausverkauft. Ich möchte eine Rückfahrkarte zurückerstattet haben. Ich fahre nicht mit dem Zug.

Leçon 6 – Lektion 6

A l'hôtel

Im Hotel

I.1. Arrivée

Monsieur Meyer: *M.M.,* le réceptionniste: *R.*

M.M.: Bonjour, Monsieur, j'ai réservé une chambre avec douche pour deux personnes.

R.: A quel nom, S.V.P.?

M.M.: Meyer de Munich.

R.: Un instant S.V.P., oui, une chambre pour deux personnes avec douche. Mais la réservation est à partir du 20 septembre, aujourd'hui nous sommes le 19.

M.M.: Je sais, nous sommes arrivés un jour plut tôt. Donnez-nous une autre chambre pour cette nuit.

R.: Bon, il me reste une chambre avec salle de bains.

M.M.: Cette chambre coûte combien?

R.: 100 F (cent F) petit déjeuner compris.

M. M.: D'accord, nous la prenons pour cette nuit.
R.: Voilà la clé. Remplissez cette fiche, S.V.P.

I.2. Übersetzung

Ankunft

Herr Meyer: *M. M.,* der Angestellte an der Rezeption: *R.*
M. M.: Guten Tag, ich habe ein Doppelzimmer mit Dusche bestellt. – *R.:* Unter welchem Namen bitte? – *M. M.:* Meyer aus München. – *R.:* Einen Moment, bitte. Ja, ein Doppelzimmer mit Dusche. Aber die Reservierung gilt ab 20. September, heute ist der 19. – *M. M.:* Ich weiß, wir sind einen Tag früher angekommen. Geben Sie uns ein anderes Zimmer für heute nacht. – *R.:* Gut, ich habe noch ein Zimmer mit Bad. – *M. M.:* Wieviel kostet dieses Zimmer? – *R.:* 100 F inklusive Frühstück. – *M. M.:* Einverstanden, wir nehmen es für heute nacht. – *R.:* Hier ist der Schlüssel, füllen Sie bitte dieses Meldeformular aus.

I.3. Grammatik

1. La date – das Datum

a) Die Monate

janvier	*Januar*	février	*Februar*	mars	*März*
avril	*April*	mai	*Mai*	juin	*Juni*
juillet	*Juli*	août	*August*	septembre	*September*
octobre	*Oktober*	novembre	*November*	décembre	*Dezember*

b) Die Datumsangabe

Der erste Tag eines Monats wird mit der Ordnungszahl, alle anderen Monatstage werden mit der jeweiligen Grundzahl angegeben.
Beispiele:

Le 1er mars (le premier *[lö prömje]*	*der erste März der erste)*
Aujourd'hui c'est le 19 (dix-neuf) septembre	*Heute ist der 19. September*

oder
Aujourd'hui nous sommes le
19 (dix-neuf) septembre.

c) Die Wochentage

lundi	*Montag*	mardi	*Dienstag*	mercredi	*Mittwoch*
jeudi	*Donnerstag*	vendredi	*Freitag*	samedi	*Samstag*
dimanche	*Sonntag*				

2. Die Grundzahlen von 69 bis 1000

69 soixante-neuf	
70 soixante-dix	*ßoaßãtdiß*
71 soixante **et** onze	*ßoaßãt e õs*
72 soixante-douze	
73 soixante-treize	
75 soixante-quinze	
79 soixante-dix-neuf	
80 quatre-vingts	*katr^ö wẽ*
81 quatre-vingt-un	*katr^ö wẽ ẽ*
82 quatre-vingt-deux	
85 quatre-vingt-cinq	
89 quatre-vingt-neuf	
90 quatre-vingt-dix	*katr^ö wẽ diß*
91 quatre-vingt-onze	
99 quatre-vingt-dix-neuf	
100 cent	*ßã*
1000 mille	*mil*

I.4. Wortschatz

réserver	*resärwe*	reservieren, vorbestellen
la chambre pour 2 personnes	*la schãbr^ö pur dö pärßɔn*	Doppelzimmer
la douche	*la dusch*	Dusche
à quel nom?	*a käl nõ*	unter welchem Namen?
l'instant *m*	*lẽstã*	Moment
la réservation	*la resärwaßjõ*	Reservierung
à partir du …	*a partir dü*	*(Datum)* ab …
le jour	*l^ö ʒur*	Tag

plus tôt	*plü to*	früher
la nuit	*la nüi*	Nacht
la salle de bains	*la sal d^{ö} bã*	Bad
le petit déjeuner	*l^{ö} p^{ö}ti deʒöne*	Frühstück
compris	*kõpri*	inklusiv
la clé	*la kle*	Schlüssel
remplir	*rãplir*	ausfüllen
la fiche	*la fisch*	*(hier)* Meldeformular

II.1. Les Meyers partent

Monsieur Meyer: *M.M.,* le réceptionniste: *R.*

M.M.: Bonsoir, est-ce qu'il y a eu un coup de téléphone pour moi?

R.: Oui, Monsieur, monsieur Schmid vous a téléphoné deux fois de Berlin. Il vous a laissé un message, le voilà.

M.M.: Merci, il y a du courrier pour moi aujourd'hui?

R.: Non, il n'y a rien pour vous.

M.M.: Bon, nous partons demain matin. Vous pouvez nous réveiller à 6 heures?

R.: Bien sûr.

M.M.: Préparez-moi la note, S.V.P. J'aimerais vous régler maintenant.

II.2. Übersetzung

Meyers reisen ab

Herr Meyer: *M.M.,* der Angestellte an der Rezeption: *R.*
M.M.: Guten Abend, hat es einen Anruf für mich gegeben? – *R.:* Ja, Herr Schmid hat zweimal für Sie aus Berlin angerufen. Er hat eine Nachricht für Sie hinterlassen. Hier ist sie. – *M.M.:* Danke schön, gibt es heute Post für mich? – *R.:* Nein, es ist nichts für Sie da. – *M.M.:* Gut, wir reisen morgen früh ab. Können Sie uns um 6 Uhr wecken? – *R.:* Aber sicher. – *M.M.:* Machen Sie mir bitte die Rechnung fertig. Ich möchte sie jetzt bezahlen.

II.3. Grammatik

Le passé composé – das Perfekt

a) Man bildet das passé composé der meisten Verben mit avoir und dem Partizip Perfekt (z. B. téléphoné = *angerufen*). Das Partizip Perfekt wird bei regelmäßigen Verben vom Infinitiv abgeleitet.

Beispiel:

M. Schmid **a téléphoné** deux fois.	*Herr Schmid hat zweimal angerufen.*

Infinitiv auf		**Partizip Perfekt**	
-er		**-é**	
réserver	*reservieren*	réserv**é**	*reserviert*
-ir		**-i**	
choisir	*aussuchen*	chois**i**	*ausgesucht*
-re		**-u**	
attendre	*warten*	attend**u**	*gewartet*

Unregelmäßige Verben		Partizip Perfekt	
être	*sein*	été	*gewesen*
avoir	*haben*	eu	*gehabt*
faire	*machen*	fait	*gemacht*
prendre	*nehmen*	pris	*genommen*

b) Einige Verben bilden das passé composé mit être, so z. B. partir *(abfahren),* aller *(gehen, fahren).*

Beispiele:

Je suis part**i** à 8 heures.	*Ich bin um 8 Uhr abgefahren.*
Elle est parti**e** à 8 heures.	*Sie ist um 8 Uhr abgefahren.*
Ils sont allé**s** à la gare.	*Sie sind zum Bahnhof gefahren.*

In diesem Fall richtet sich das Partizip Perfekt (z. B. parti, allé) in Genus und Numerus nach dem Subjekt des Satzes, auf das es sich bezieht.

II.4. Wortschatz

le coup de téléphone	*l^{ö} ku d^{ö} telefɔn*	Telefonat
téléphoner	*telefɔne*	anrufen
deux (2) fois	*dö foa*	zweimal
laisser	*leße*	*(hier)* hinterlassen
le message	*l^{ö} mäßaʒ*	Nachricht
le courrier	*l^{ö} kurje*	Post
rien	*rjã*	nichts
demain matin	*d^{ö}mã matã*	morgen früh
réveiller	*reweje*	wecken
bien sûr	*bjã ßür*	(aber) sicher
la note	*la nɔt*	Rechnung
régler	*regle*	bezahlen

II.5. Übungen

1. Schreiben Sie die Zahlen aus:

Une chambre avec salle de bains c'est 80 F .... 3 .... bouteilles de rosé à 25 F .... ça fait 75 F .... Le pull en vitrine c'est combien? 71 F .... Je prends le menu à 95 F .... et toi? Moi, je prends le menu à 60 F ....

2. Ergänzen Sie bei den Datumsangaben die angedeuteten Monatsnamen:

Tu pars le 20 s........ Il attend les Meyer le 10 m........ Il a téléphoné le 18 a........ Nous sommes arrivés le 3 n........ J'ai réservé une chambre avec douche pour le 25 d........ Elle prend le train le 12 o........ Nous ne travaillons pas le premier (1er) m........

3. Bilden Sie das passé composé:

Muster:

Tu réserves une chambre. *Du reservierst ein Zimmer.*
Tu as réservé une chambre. *Du hast ein Zimmer reserviert.*

Il cherche les billets. ______________________

Elle prend la voiture. ______________________

Vous attendez les Meyer. ______________________

Nous choisissons le menu. ______________________

Tu es à Paris. ______________________

Il a 30 ans. ______________________

Tu fais les courses. ______________________

4. Übersetzen Sie:

Er hat aus München angerufen. Ich habe zwei Zimmer mit Dusche reserviert. Die Zimmer haben 100 F gekostet. Können Sie uns um 7 Uhr 30 wecken? Ich habe die Hotelrechnung gesucht. Wir sind am 20. Juli abgereist. Wir haben auf den Zug gewartet. Ich habe das Menü ausgesucht. Du hast das Meldeformular ausgefüllt.

Leçon 7 – Lektion 7

À la poste

Auf der Post

I.1. Monsieur Meyer téléphone en Allemagne

Monsieur Meyer: *M.M.,* l'employé de la poste: *E.*

M.M.: Bonjour, Monsieur, je voudrais téléphoner en Allemagne.

E.: Donnez-moi votre numéro.

M.M.: C'est le 37 33 06 à Cologne.

E.: Je vous le fais tout de suite. Personne ne répond.

M.M.: J'attends, rappelez dans un quart d'heure.

E.: Je regrette, Monsieur, mais nous fermons dans 5 minutes.

M.M.: Mais c'est très important!

E.: Vous pouvez téléphoner vous-même d'une cabine. Composez d'abord le 19. C'est le numéro pour l'étranger, puis l'indicatif du pays - pour l'Allemagne le 49 –, puis l'indicatif de la ville - pour Cologne le 221 –, enfin le numéro de l'abonné.

M.M.: Il faut mettre des pièces de combien dans l'appareil?
E.: Des pièces d'un F et des pièces de 5 F.
M.M.: Vous pouvez me changer 20 F en pièces de 5 et d'1 F?
E.: Bien sûr. Voilà, Monsieur.

I.2. Übersetzung

Herr Meyer telefoniert nach Deutschland

Herr Meyer: *M.M.*, der Postbeamte: *E.*

M.M.: Guten Tag, ich möchte nach Deutschland telefonieren. – *E.:* Geben Sie mir Ihre Nummer. – *M.M.:* 37 33 06 in Köln. – *E.:* Ich wähle gleich durch. Es nimmt niemand ab. – *M.M.:* Ich warte, rufen Sie in einer Viertelstunde wieder an. – *E.:* Es tut mir leid, aber wir schließen in 5 Minuten. – *M.M.:* Aber es ist sehr wichtig! – *E.:* Sie können selbst von einer Zelle aus anrufen. Wählen Sie zuerst 19. Das ist die Auslandsnummer, dann die Vorwählnummer des Landes – für Deutschland ist es 49 –, dann die Vorwählnummer der Stadt – für Köln 221 –, schließlich die Nummer des Teilnehmers. – *M.M.:* Welche Münzen muß man in den Apparat einwerfen? – *E.:* 1-Franc-Stücke und 5-Franc-Stücke. – *M.M.:* Können Sie mir 20 F in 5-Franc-Stücke und 1-Franc-Stücke wechseln? – *E.:* Sicher. Hier haben Sie welche.

I.3. Grammatik

1. Die örtlichen Beziehungen

en Die Präposition **en** gibt die Lage oder die Richtung an.

Beispiele:

Les Meyer sont **en** France	*Meyers sind in Frankreich*
Les Dupont vont **en** Allemagne	*Duponts gehen nach Deutschland*

à Die Präposition **à** bezeichnet die Lage oder die Richtung.

Beispiele:

Je suis **à** Paris	*Ich bin in Paris*
Elle va **à** Cologne	*Sie geht nach Köln*
Nous sommes **à** la gare	*Wir sind auf dem Bahnhof*

Nous allons **à** l'hôtel	*Wir gehen ins Hotel*
Nous allons **au** café	*Wir gehen ins Café*
Nous allons **aux** U.S.A.	*Wir gehen in die USA*

en oder à bei Ländernamen

en	**en** France *f*	*in/nach Frankreich*
	en Italie *f*	*in/nach Italien*
	en Iran *m*	*im/in den Iran*
	en Allemagne *f*	*in/nach Deutschland*
	en Angleterre *f*	*in/nach England*
	en Europe *f*	*in/nach Europa*

en steht vor femininen Ländernamen, die im Singular auftreten, oder vor maskulinen Ländernamen, die mit Vokal beginnen.

à	**au** Portugal *m*	*in/nach Portugal*
	au Canada *m*	*in/nach Kanada*
	au Japon *m*	*in/nach Japan*
	au Danemark *m*	*in/nach Dänemark*

à steht vor maskulinen Ländernamen, die im Singular auftreten und mit Konsonant beginnen.

aux États-Unis	*in den/die Vereinigten Staaten*

aux steht vor Ländernamen, die im Plural vorkommen.

à la Martinique	*in/nach Martinique*

à la steht vor einigen femininen Inselnamen.

à Cuba	*in/nach Kuba*
à Tahiti	*in/nach Tahiti*

à steht vor einigen Inselnamen ohne Artikel.

2. à + le = au; à + les = aux

Tritt vor den bestimmten Artikel **le** (maskulin Singular) und **les** (maskulin + feminin Plural) die Präposition **à**, so werden **à + le** zu **au, à + les** zu **aux** verschmolzen.

à + le = au
à + les = aux

au steht, wenn das darauffolgende Substantiv mit einem Konsonanten beginnt.
à l' steht, wenn das darauffolgende Substantiv mit einem Vokal oder einem stummem h beginnt.

Beispiele:

Je vais **au** café.	*Ich gehe ins Café.*
Je vais **à l'**hôtel.	*Ich gehe ins Hotel.*
aber:	
Je vais **à la** gare.	*Ich gehe zum Bahnhof.*

Merke: à l'hôtel bedeutet ***im** Hotel* oder ***ins** Hotel.* Im Französischen wird hier kein Unterschied gemacht.

3. de + le = du; de + les = des
Tritt vor den bestimmten Artikel **le** (maskulin Singular) und **les** (maskulin + feminin Plural) die Präposition **de**, so werden **de + le** zu **du, de + les** zu **des** verschmolzen.

de + le = du
de + les = des

du steht, wenn das darauffolgende Substantiv mit einem Konsonanten beginnt.

de l' steht, wenn das darauffolgende Substantiv mit einem Vokal oder stummem h beginnt.

Beispiele:

le numéro **du** café	*die Hausnummer des Cafés*
le numéro **de l'**hôtel	*die Hausnummer des Hotels*
aber:	
la caisse **de la** vendeuse	*die Kasse der Verkäuferin*

4. Der Gebrauch von de
a) **de** dient zur Bildung zusammengesetzter Wörter.

Zum Beispiel:

le syndicat **d'**initiative	*das Fremdenverkehrsbüro*

b) **de** drückt ein Besitzverhältnis aus. In dieser Funktion entspricht es im Deutschen dem Genetiv.

Zum Beispiel:

C'est la voiture **de** M. Meyer	*Der Wagen von Herrn Meyer (Herrn Meyers Wagen)*
C'est la voiture **de** l'employé	*Der Wagen des Angestellten*
C'est la voiture **du** touriste	*Der Wagen des Touristen*
C'est la voiture **de la** vendeuse	*Der Wagen der Verkäuferin*
C'est la voiture **des** Meyer	*Der Wagen von Meyers (Meyers Wagen)*

c) **de** steht nach Mengenangaben (vgl. Lektion 2, Grammatik I).

d) **de** dient zur Bezeichnung eines Ausgangspunktes.

Beispiel:

Il vient de Cologne.	*Er kommt aus Köln.*

I.4. Wortschatz

la poste	*la pɔßt*	Postamt
téléphoner	*telefɔne*	anrufen
le numéro	*l^ö nümero*	(Telefon-)Nummer
tout de suite	*tu d^ö ßüit*	sofort
personne	*pärßɔn*	niemand
répondre	*repõdr^ö*	*(hier)* abnehmen
rappeler	*raple*	wieder anrufen
le quart d'heure	*l^ö kar dɔ̈r*	Viertelstunde
fermer	*färme*	schließen
important	*ã̃pɔrtã*	wichtig
composer	*kõpose*	wählen
le numéro pour l'étranger	*l^ö nümero pur letrãʒe*	Auslandsnummer
l'indicatif *m*	*lã̃dikatif*	Vorwählnummer
l'Allemagne *f*	*lalmanj*	Deutschland
enfin	*ãfã̃*	schließlich
l'abonné *m*	*labɔne*	Teilnehmer
mettre	*mätr^ö*	*(hier)* werfen (in)
la pièce	*la pjäß*	Münze
l'appareil *m*	*laparäj*	Apparat

changer (de l'argent)	*schãʒe (d^{ö} larʒã)*	Geld wechseln
la France	*la frãß*	Frankreich
l'Italie *f*	*litali*	Italien
l'Iran *m*	*lirã*	Iran
l'Angleterre *f*	*lãgl^{ö}tär*	England
l'Europe *f*	*lörɔp*	Europa
le Portugal	*l^{ö} pɔrtügal*	Portugal
le Canada	*l^{ö} kanada*	Kanada
le Japon	*l^{ö} ʒapõ*	Japan
le Danemark	*l^{ö} danmark*	Dänemark
les États-Unis *m/pl*	*les etas‿üni*	USA

II.1. Madame Meyer envoie une lettre à Die

Madame Meyer: *Mme M.,* l'employé: *E.*

Mme M.: J'ai une lettre pour Die. Une question, elle met combien de temps pour arriver?

E.: Au moins 3 jours.

Mme M.: Et en exprès?

E.: Vous gagnez peut-être un jour, mais pas plus.

Mme M.: Alors je préfère envoyer un télégramme. Ça coûte combien?

E.: 0 F 50 par mot et 4 F de taxe pour la France.

Mme M.: Au lieu d'écrire le texte moi-même, j'aimerais vous le dicter. Vous êtes d'accord?

E.: Comme vous voulez.

Mme M.: Suis malade - arrivée mardi impossible - lettre suit - Claudia.

II.2. Übersetzung

Frau Meyer schickt einen Brief nach Die

Frau Meyer: *Mme M.,* der Angestellte: *E.*

Mme M.: Ich habe einen Brief nach Die. Eine Frage: Wie lange braucht er, um anzukommen? - *E.:* Mindestens 3 Tage. - *Mme M.:* Und als Eilbrief? - *E.:* Sie gewinnen vielleicht einen

Tag, mehr nicht. – *Mme M.:* Dann schicke ich lieber ein Telegramm. Was kostet das? – *E.:* 0,50 F pro Wort und 4 F Postgebühr für Frankreich. – *Mme M.:* Statt den Text selbst zu schreiben, würde ich ihn Ihnen lieber diktieren. – *E.:* Ganz wie Sie wünschen. – *Mme M.:* Bin krank – Ankunft Dienstag unmöglich – Brief folgt – Claudia.

II.3. Grammatik

1. Die Verben auf -yer

Verben auf **-yer**, wie z. B. essayer *(versuchen)*, envoyer *(schicken)*, verwandeln das **-y** vor stummem e in **-i**.

Merke: Verben auf -ayer können y beibehalten.

envoyer *schicken*

Präsens

j'	envoie	*[ʒãwoa]*	*ich*	*schicke*
tu	envoies		*du*	*schickst*
il/elle	envoie		*er/sie/es*	*schickt*
nous	envoyons	*[nus‿ãwoajõ]*	*wir*	*schicken*
vous	envoyez		*ihr*	*schickt*
ils/elles	envoient	*[ils‿ãwoa/äls‿ãwoa]*	*sie*	*schicken*

Perfekt

j'	ai	envoyé	*[ʒe ãwoaje]*	*ich*	*habe*	*geschickt*
tu	as	envoyé		*du*	*hast*	*geschickt*
il/elle	a	envoyé		*er/sie/es*	*hat*	*geschickt*
nous	avons	envoyé		*wir*	*haben*	*geschickt*
vous	avez	envoyé		*ihr*	*habt*	*geschickt*
ils/elles	ont	envoyé		*sie*	*haben*	*geschickt*

essayer *versuchen*

Präsens

j'	essaie oder essaye	*[ʒeßä – ʒeßäj]*	*ich*	*versuche*
tu	essaies oder essayes		*du*	*versuchst*
il/elle	essaie oder essaye	*[il‿eßä – il‿eßäj]*	*er/sie/es*	*versucht*

nous	essayons – –	*[nus‿eßäjõ]*	*wir versuchen*
vous	essayez – –		*ihr versucht*
ils/elles	essaient oder essayent	*[ils‿eßä – ils‿eßäj]*	*sie versuchen*

Perfekt

j'	ai essayé	*[ʒe eßeje]*	*ich*	*habe*	*versucht*
tu	as essayé		*du*	*hast*	*versucht*
il/elle	a essayé		*er/sie/es*	*hat*	*versucht*
etc.			*usw.*		

2. Die unregelmäßigen Verben pouvoir und vouloir

pouvoir *können*

Präsens

je peux	*[ʒ° pö]*	*ich kann*
tu peux		*du kannst*
il/elle peut	*[il/äl pö]*	*er/sie/es kann*
nous pouvons		*wir können*
vous pouvez		*ihr könnt*
ils/elles peuvent	*[il/äl pɔ̈w]*	*sie können*

Perfekt

j'ai pu	*ich habe gekonnt*
tu as pu	*du hast gekonnt*
il/elle a pu	*er/sie/es hat gekonnt*
etc.	*usw.*

vouloir *wollen*

Präsens

je veux	*[ʒ° wö]*	*ich will*
tu veux		*du willst*
il/elle veut	*[il/äl wö]*	*er/sie/es will*
nous voulons		*wir wollen*
vous voulez		*ihr wollt*
ils/elles veulent	*[il/äl wɔ̈l]*	*sie wollen*

Perfekt	
j'ai voulu	*ich habe gewollt*
tu as voulu	*du hast gewollt*
il/elle a voulu	*er/sie/es hat gewollt*
etc.	*usw.*

II.4. Wortschatz

envoyer	*ãwoaje*	schicken
la lettre	*la lätrö*	Brief
la question	*la kästjõ*	Frage
mettre 3 jours pour arriver	*mätrö troa ʒur pur ariwe*	3 Tage brauchen um anzukommen
au moins	*o moã*	mindestens
la lettre en exprès	*la lätrö ãn‿äkßpräß*	Eilbrief
gagner	*ganje*	gewinnen
le télégramme	*lö telegram*	Telegramm
le mot	*lö mo*	Wort
la taxe	*la takß*	*(hier)* Postgebühr
au lieu de …	*o ljö dö*	statt
écrire	*ekrir*	schreiben
le texte	*lö täkßt*	Text
dicter	*dikte*	diktieren
malade	*malad*	krank
impossible	*ãpɔßiblö*	unmöglich
lettre suit	*lätrö ßüi*	Brief folgt

II.5. Übungen

1. Ersetzen Sie den Infinitiv durch die zum Personalpronomen passende Verbform:

Muster:

Ils (aller) …….. au café = ils vont au café.

Tu (chercher) …….. une chambre. Elle (aller) …….. à Paris. Nous (envoyer) …….. un télégramme. Elle (essayer) …….. un pull noir. Vous (faire) …….. les courses aujourd'hui. Tu (vouloir) …….. aller au restaurant. Vous (partir) …….. à 8 heures. Je (pouvoir) …….. réserver une chambre pour deux personnes. Elle (être) …….. malade.

2. Ergänzen Sie die folgenden Sätze mit ***à, au, à l', à la*** *oder* ***aux****:*
Je vais .... Paris. Nous sommes .... gare. Elle achète les tomates .... marché. Il donne les clés .... employé. Il va .... U.S.A. Je suis .... hôtel .... 8 heures. Il attend Ute .... café.

3. Ergänzen Sie die folgenden Sätze mit ***de, du, de l', de la*** *oder* ***des****:*
C'est la voiture .... Peter. C'est l'employé .... hôtel. C'est l'employé .... poste. C'est un touriste .... Munich. C'est la chambre .... Meyer. Donnez le numéro .... téléphone .... café. Je voudrais un kilo .... tomates et une bouteille .... vin. C'est le plan .... ville. C'est la voiture .... touriste.

4. Übersetzen Sie:
Sie können von einer Zelle anrufen. Haben Sie die Vorwählnummer von Berlin? Welche Münzen muß man in den Apparat werfen? Sie brauchen 1-Franc-Stücke. Ich möchte um 8 Uhr 30 anrufen. Es nimmt niemand ab. Er will einen Eilbrief nach Berlin schicken. Ich schicke lieber ein Telegramm.

Leçon 8 – Lektion 8

Dans le train

Im Zug

I.1. Conversation dans le train

Madame Meyer: *Mme M.*, un voyageur: *V.*

Mme M.:	Pardon monsieur, il y a encore une place de libre?
V.:	Mais oui. Attendez, je vais vous aider à monter vos valises.
Mme M.:	C'est gentil merci. Elles sont très lourdes. Vous allez loin?
V.:	Je descends à Lyon. J'y habite, et vous?
Mme M.:	Moi, je continue jusqu'à Grenoble.
V.:	Vous habitez à Grenoble?
Mme M.:	Non, j'y vais pour rendre visite à des amis français.
V.:	Ah vous venez d'où?
Mme M.:	De Munich.

V.: Ah Munich je connais. L'année dernière j'ai été à la fête de la bière.
Mme M.: Ça vous a plu?
V.: Oui beaucoup.

I.2. Übersetzung

Unterhaltung im Zug

Frau Meyer: *Mme M.,* ein Reisender: *V.*

Mme M.: Entschuldigen Sie bitte, ist hier noch ein Platz frei? – *V.:* Aber ja. Warten Sie, ich werde Ihnen helfen, ihre Koffer hochzustellen. – *Mme M.:* Sehr nett von Ihnen, danke. Sie sind sehr schwer. Fahren Sie weit? – *V.:* Ich steige in Lyon aus. Ich wohne dort, und Sie? – *Mme M.:* Ich fahre weiter bis Grenoble. – *V.:* Wohnen Sie in Grenoble? – *Mme M.:* Nein, ich möchte dort französische Freunde besuchen. – *V.:* Wo kommen Sie her? – *Mme M.:* Aus München. – *V.:* Ah, München kenne ich. Letztes Jahr war ich auf dem Oktoberfest. – *Mme M.:* Hat es Ihnen gefallen? – *V.:* Ja, sehr.

I.3. Grammatik

1. Das Pronominaladverb y

Beispiel:

Vous descendez à Lyon?	*Steigen Sie in Lyon aus?*
Oui, j'**y** habite.	*Ja, ich wohne dort.*

Merke: Das Pronominaladverb **y** ersetzt

à
dans
en
sur

+ das dazugehörende Substantiv

Übersicht mit Beispielen

Tu vas **à Paris?**	*Gehst du nach Paris?*
Oui, j'**y** vais.	*Ja, ich gehe (dorthin).*
Tu vas **à Paris?**	*Gehst du nach Paris?*
Non, je n'**y** vais pas.	*Nein, ich gehe nicht (dorthin).*
Tu vas souvent **au café?**	*Gehst du oft ins Café?*

Oui, j'**y** vais souvent.	*Ja, ich gehe oft hin.*
Tu vas **au café?**	*Gehst du ins Café?*
Non, je n'**y** vais pas.	*Nein, ich gehe nicht hin.*
Tu vas à **la poste?**	*Gehst du zur Post?*
Oui, j'**y** vais.	*Ja, ich gehe hin.*
Tu es **à l'hôtel** à 8 h?	*Bist du um 8 Uhr im Hotel?*
Oui, j'**y** suis.	*Ja, ich bin da/dort.*
Le plan est **dans la voiture?**	*Ist der Plan im Wagen?*
Oui, il **y** est.	*Ja, er ist da/dort.*
Elle est **en France** pour 3 mois.	*Sie ist für 3 Monate in Frankreich.*
Elle **y** est pour 3 mois.	*Sie ist für 3 Monate dort.*
Les valises sont **sur le quai?**	*Sind die Koffer auf dem Bahnsteig?*
Oui, elles **y** sont.	*Ja, sie sind da.*

Das Pronominaladverb **y**
a) steht anstelle einer Orts- oder Richtungsangabe mit à, en, sur dans usw. (siehe obige Übersicht mit Beispielen),

b) wird im übertragenen Sinne gebraucht und ersetzt Ergänzungen mit à, dans, sur usw.

Beispiel:

Tu penses au billet?	*Denkst du an die Fahrkarte?* (penser à = *denken an*)
Oui, j'**y** pense.	*Ja, ich denke daran.*

Merke: y ersetzt nie **de.**

2. pour + Infinitiv = um .... zu

Beispiel:

Je vais au marché **pour acheter** des tomates.	*Ich gehe auf den Markt,* ***um*** *Tomaten* ***zu*** *kaufen.*

In Verbindung mit dem Infinitiv bedeutet **pour** *um .... zu.* Sonst besitzt **pour** die Bedeutung **für** bzw. **nach.**

Beispiele:

Le café, c'est pour toi.	*Der Kaffee ist für dich.*
Je suis à Paris pour 10 jours.	*Ich bin für 10 Tage in Paris.*
Le train pour Grenoble part dans 5 minutes.	*Der Zug nach Grenoble fährt in 5 Minuten ab.*

I.4. Wortschatz

la valise	*la walis*	Koffer
le voyageur	*l^{ö} woajaʒör*	Reisender
l'ami *m*	*lami*	Freund
l'amie *f*	*lami*	Freundin
la place	*la plaß*	Platz
aider	*ede*	helfen
je vais aider	*ʒ^{ö} wäs‿ede*	ich werde helfen
monter	*mõte*	*(Gegenstand)* hinauftragen
rendre visite à	*rãdr^{ö} wisit a*	*(Person)* besuchen
connaître	*kɔnätr^{ö}*	kennen
l'année dernière …	*lane därnjär*	letztes Jahr …
la fête de la bière	*la fät d^{ö} la bjär*	Oktoberfest
descendre à	*deßãdr^{ö} a*	aussteigen
habiter (à)	*habite a*	wohnen (in)
c'est gentil	*ßä ʒãti*	das ist nett (von Ihnen)
venir de	*w^{ö}nir d^{ö}*	kommen von, aus
lourd	*lur*	schwer
loin	*loã*	weit
la conversation	*la kõwärßaßjõ*	Unterhaltung

II.1. Votre billet, s'il vous plaît!

Madame Meyer: *Mme M.*, le contrôleur: *C.*

C.: Votre billet, Madame, S.V.P. Pour Grenoble changement à Lyon. Le train a du retard. Vous avez 5 minutes pour changer de train.

Mme M.: Quoi! 5 minutes! Ça va être juste.

C.: Oui, vous arrivez quai 6. Votre correspondance pour Grenoble part quai 8.

Mme M.: Merci, où est le wagon-restaurant?

C.: Trois voitures plus loin, en tête de train.

II.2. Übersetzung

Ihre Fahrkarte, bitte!

Frau Meyer: *Mme M.*, der Kontrolleur: *C.*

C.: Ihre Fahrkarte bitte. Nach Grenoble in Lyon umsteigen. Der Zug hat Verspätung. Zum Umsteigen haben Sie 5 Minuten

Zeit. - *Mme M.:* Was! 5 Minuten! Das wird knapp werden. - *C.:* Ja, Sie kommen am Bahnsteig 6 an. Ihr Anschlußzug nach Grenoble fährt vom Bahnsteig 8 ab. - *Mme M.:* Danke, wo ist der Speisewagen? - *C.:* Drei Wagen weiter, an der Spitze des Zuges.

II.3. Grammatik

1. Das adjektivische Possessivpronomen

Beispiel:

Votre billet, S.V.P.! *Ihre Fahrkarte, bitte!*

Übersicht

Singular							
maskulin		**feminin**				**Plural (maskul. + femin.)**	
		vor Konsonant		vor Vokal			
mon plan	*mein Plan*	**ma** clé		**mon** amie		**mes** billets	*meine Fahrkarten*
ton plan	*dein Plan*	**ta** clé		**ton** amie		**tes** billets	*deine Fahrkarten*
son plan	*sein Plan*	**sa** clé		**son** amie		**ses** billets	*seine Fahrkarten*
son plan	*ihr Plan*	**sa** clé		**son** amie		**ses** billets	*ihre Fahrkarten*
notre plan	*unser Plan*	**notre** clé		**notre** amie		**nos** billets	*unsere Fahrkarten*
votre plan	*euer/Ihr Plan*	**votre** clé		**votre** amie		**vos** billets	*eure/Ihre Fahrkarten*
leur plan	*ihr Plan*	**leur** clé		**leur** amie		**leurs** billets	*ihre Fahrkarten*

Merke: a) Abweichend vom Deutschen stimmt **mon, ma** usw. in Numerus und Genus mit dem Substantiv überein, auf das es sich bezieht. Z.B.:

elle cherche **son plan** — ***sie** sucht **ihren** Plan*

il cherche **son plan** — ***er** sucht **seinen** Plan*

b) Je nach Kontext heißt: **vous** cherchez **votre** hôtel ***Sie** suchen* ***Ihr** Hotel* oder ***ihr** sucht **euer** Hotel,* da **vous** höfliche Anrede (Singular oder Plural) oder Plural von **tu** sein kann.

2. Die unregelmäßigen Verben venir und connaître

venir *kommen*

Präsens

je	viens	*[ʒö wjã]*	*ich*	*komme*
tu	viens		*du*	*kommst*
il/elle	vient	*[il/äl wjã]*	*er/sie/es*	*kommt*
nous	venons		*wir*	*kommen*
vous	venez		*ihr*	*kommt*
ils/elles	viennent	*[il/äl wjän]*	*sie*	*kommen*

Perfekt

je suis venu(e)[1]	*ich bin gekommen*
tu es venu	*du bist gekommen*
il/elle est venu	*er/sie/es ist gekommen*
nous sommes venus	*wir sind gekommen*
vous êtes venus	*ihr seid gekommen*
ils/elles sont venus	*sie sind gekommen*

[1] Ist die Person feminin, so erhält venu ein stummes **-e** *(e muet),* so daß die Formen venu**e** (Singular) bzw. venu**es** (Plural) entstehen.

connaître *kennen*

Präsens

je connais	*ich kenne*
tu connais	*du kennst*
il/elle connaît	*er/sie/es kennt*
nous connaissons	*wir kennen*
vous connaissez	*ihr kennt*
ils/elles connaissent	*sie kennen*

Perfekt

j'ai connu	*ich habe gekannt*
etc.	*usw.*

II.4. Wortschatz

le contrôleur	*lö kõtrolɔ̃r*	Kontrolleur, Schaffner
le billet	*lö bijä*	Fahrkarte
le changement	*lö schãʒmã*	Umsteigen
le retard	*lö rötar*	Verspätung
changer de train	*schãʒe dö trã*	umsteigen
quoi!	*koa*	*(in Ausrufen)* was!
juste	*ʒüst*	knapp
le quai	*lö ke*	Bahnsteig
la correspondance	*la kɔräspõdãß*	Anschlußzug
le wagon-restaurant	*lö wagõ räßtɔrã*	Speisewagen
la voiture	*la woatür*	*(Zug)* Wagen
la tête de train	*la tät dö trã*	Spitze des Zuges

II.5. Übungen

1. Setzen Sie **y** *in den folgenden Sätzen ein:*

Muster:

Vous allez à Paris?	*Gehen Sie nach Paris?*
Oui, j'**y** vais.	*Ja, ich gehe dorthin.*
Vous allez en France?	*Gehen Sie nach Frankreich?*
Non, je n'**y** vais pas.	*Nein, ich gehe nicht dorthin.*

Vous allez au café? Oui, ... Vous restez à l'hôtel? Oui, ... Vous allez en France? Non, ... Vous pensez à la réservation? Oui, ... Tu vas à la poste? Oui, ... Les valises sont dans la voiture? Oui, ...

2. Bilden Sie Sätze mit ***pour + Infinitiv:***

Muster:

Je vais au marché; j'achète des tomates.

Je vais au marché **pour acheter** des tomates.

Je vais à Paris; je rends visite à des amis.

Je ____

Tu vas à la gare à midi; tu attends Gisèle.

Tu ____

Elle va à Lyon; elle prend le train pour Grenoble.

Elle ____

Nous venons à Paris; nous visitons le musée du Louvre.

Nous ____

3. Setzen Sie das passende Possessivpronomen ein:

Muster:
Vous cherchez .... voiture = vous cherchez **votre** voiture.

Tu attends .... amis. Ils réservent .... chambres. Je cherche .... cigarettes. Elle a déjà .... billet. Vous prenez .... train à 8 h. Elles cherchent .... voiture. Téléphone à .... amie. Je cherche .... hôtel. Nous finissons .... bière. Elle prend .... petit déjeuner dans .... chambre. Vous remplissez .... fiches à l'hôtel. Il cherche .... clés.

4. Übersetzen Sie:
Wohnen Sie in München? Ja, ich wohne dort. Wo kommen Sie her? Ich komme aus Berlin. Ich steige in Paris aus. Sie haben einen Anschlußzug nach Lyon um 19 Uhr 30. Dieser Zug fährt vom Bahnsteig 8 ab. Der Zug nach Lyon hat keine Verspätung. Ich kenne München nicht. Ich habe den Speisewagen gesucht.

Leçon 9 – Lektion 9

Au wagon-restaurant

Im Speisewagen

I.1. Le repas au wagon-restaurant

Madame Meyer: *Mme M.*, le garçon: *G.*

G.: Je suis désolé, Madame, il n'y a plus de place. Revenez dans un quart d'heure pour le deuxième service.

G.: Et pour vous, Madame, qu'est-ce que ce sera?

Mme M.: Une soupe à l'oignon, un bifteck frites et un quart d'eau minérale.

G.: Voilà votre omelette aux champignons.

Mme M.: Mais je n'ai pas commandé d'omelette aux champignons.

G.: Excusez-moi, qu'est-ce que vous avez commandé?

Mme M.: Une soupe à l'oignon et un bifteck frites.

G.: Il n'y a plus de soupe à l'oignon. Vous voulez autre chose?
Mme M.: Non, apportez-moi directement le bifteck.
G.: Bien, Madame.
Mme M.: Garçon, s'il vous plaît!
G.: Qu'est-ce qu'il y a, Madame?
Mme M.: Le bifteck que vous m'avez apporté est froid. Rapportez-le à la cuisine.

I.2. Übersetzung

Das Essen im Speisewagen
Frau Meyer: *Mme M.,* der Kellner: *G.*
G.: Ich bedauere, es gibt keinen Platz mehr. Kommen Sie in einer Viertelstunde zum zweiten Durchgang wieder.

G.: Und Sie, was nehmen Sie? - *Mme M.:* Eine Zwiebelsuppe, ein Steak mit Pommes frites und ein kleines Mineralwasser. - *G.:* Hier ist Ihr Omelette mit Pilzen. - *Mme M.:* Ich habe aber kein Omelette mit Pilzen bestellt. - *G.:* Entschuldigung, was haben Sie bestellt? - *Mme M.:* Eine Zwiebelsuppe und ein Steak mit Pommes frites. - *G.:* Es gibt keine Zwiebelsuppe mehr. Möchten Sie etwas anderes? - *Mme M.:* Nein, bringen Sie mir gleich das Steak. - *G.:* Jawohl. - *Mme M.:* Herr Ober, bitte! - *G.:* Was gibt es? - *Mme M.:* Das Steak, das Sie mir gebracht haben, ist kalt. Bringen Sie es in die Küche zurück.

I.3. Grammatik

1. Das Relativpronomen que
Das Relativpronomen **que** ist immer Akkusativobjekt und bezieht sich auf Personen und Sachen.
Beispiel:

Le bifteck **que** vous m'avez apporté est froid.	*Das Steak, das/welches Sie mir gebracht haben, ist kalt.*

Que ist unabhängig von Genus und Numerus des Bezugswortes.
Vor Vokalen steht **qu';** z.B. c'est l'ami **qu'**il connaît *(das ist der Freund, den er kennt).*
(Vergleichen Sie **que** mit **qui** [Lektion 5, Grammatik I]).

2. Das unbetonte Personalpronomen als Dativobjekt

Beispiele:

Il **me** donne la carte. *Er gibt mir die Speisekarte.*
Il **m'**apporte un café. *Er bringt mir einen Kaffee.*

In diesen Fällen vertritt **me** bzw. **m'** die Funktion eines Dativobjektes des Personalpronomens (Anwort auf die Frage *wem?*). Personalpronomen in Form von Dativobjekten stehen im Französischen nach Verben, die mit **à** konstruiert werden; z.B. apporter **à** *jmdm. bringen,* donner **à** *jmdm. geben* usw.

Formen

1. Person Singular	il **me** donne	*er gibt mir*
	il **m'**apporte	*er bringt mir*
2. Person Singular	il **te** donne	*er gibt dir*
	il **t'**apporte	*er bringt dir*
3. Person Singular	il **lui** donne	*er gibt ihm*
	il **lui** apporte	*er bringt ihm/ihr*
1. Person Plural	il **nous** donne	*er gibt uns*
	il **nous** apporte	*er bringt uns*
2. Person Plural	il **vous** donne	*er gibt euch/Ihnen*
	il **vous** apporte	*er bringt euch/Ihnen*
3. Person Plural	il **leur** donne	*er gibt ihnen*
	il **leur** apporte	*er bringt ihnen*

Merke: Vor Vokal oder stummem h stehen statt **me** bzw. **te** **m'** bzw. **t'**.

Vous in der Funktion eines Dativobjekts des Personalpronomens besitzt zwei Bedeutungen:

Il **vous** donne la carte. *Er gibt* ***euch*** *die Speisekarte.*
Er gibt ***Ihnen*** (Höflichkeitsform im Singular oder Plural) *die Speisekarte.*

I.4. Wortschatz

je suis désolé	*ʒ^ö ßüi desole*	ich bedauere
revenir	*r^öwnir*	*(hier)* wiederkommen
le quart	*l^ö kar*	Viertel

le deuxième service	*lö dösjäm ßärwiß*	zweiter Durchgang
la soupe à l'oignon	*la sup a lɔnjõ*	Zwiebelsuppe
le bifteck	*lö biftäk*	Steak
les frites	*le frit*	Pommes frites
l'eau *f* minérale	*lo mineral*	Mineralwasser
un quart d'eau minérale	*õ kar do mineral*	*(hier)* ein kleines Mineralwasser
l'omelette	*lɔmlät*	Omelette
le champignon	*lö schãpinjõ*	Pilz
commander	*kɔmãde*	bestellen
apporter (à)	*aporte a*	bringen
directement	*diräktömã*	*(hier)* gleich
froid	*froa*	kalt
rapporter	*rapɔrte*	zurückbringen
la cuisine	*la küisin*	Küche

II.1. Conversation au wagon-restaurant

Madame Meyer: *Mme M.*, un voyageur: *V.*

V.: Je peux vous inviter à prendre un café?

Mme M.: Pourquoi pas? J'ai encore le temps. J'arrive seulement dans une heure.

V.: Garçon, deux cafés!

Mme M.: Vous auriez une cigarette pour moi? J'ai laissé mes Gitanes dans le compartiment.

V.: Je n'ai malheureusement pas de Gitanes à vous proposer. Je ne fume que des blondes.

Mme M.: Ça ne fait rien, j'en fume aussi de temps en temps.

V.: Je m'appelle Pierre Tournier et vous?

Mme M.: Claudia Meyer.

V.: Ah vous êtes allemande. Vous êtes en vacances?

Mme M.: Oui, je vais rejoindre mon mari à Grenoble. Et vous?

V.: Moi, je suis en voyage d'affaires. Je vais à Marseille.

II.2. Übersetzung

Unterhaltung im Speisewagen

Frau Meyer: *Mme M.*, ein Reisender: *V.*

V.: Darf ich Sie zu einem Kaffee einladen? – *Mme M.:* Warum nicht? Ich habe noch Zeit. Ich komme erst in einer Stunde an.

– *V.:* Herr Ober, zwei Kaffee! – *Mme M.:* Hätten Sie eine Zigarette für mich? Ich habe meine Gitanes im Abteil liegenlassen. – *V.:* Ich kann Ihnen leider keine Gitanes anbieten. Ich rauche nur helle. – *Mme M.:* Das macht nichts. Ich rauche die auch ab und zu. – *V.:* Ich heiße Pierre Tournier und Sie? – *Mme M.:* Claudia Meyer. – *V.:* Ah, Sie sind Deutsche. Machen Sie Urlaub? – *Mme M.:* Ja, ich treffe mich mit meinem Mann in Grenoble. Und Sie? – *V.:* Ich bin auf Geschäftsreise. Ich fahre nach Marseille.

II.3. Grammatik

1. Die Verneinung

a) Wichtige Verneinungsadverbien

ne . . . pas	il **ne** fume **pas**	*er raucht **nicht***
ne . . . pas de	il **ne** fume **pas de** Gitanes	*er raucht **keine** Gitanes*
ne . . . plus	il **ne** fume **plus**	*er raucht **nicht mehr***
ne . . . plus de	il **ne** fume **plus de** Gitanes	*er raucht **keine** Gitanes **mehr***
ne . . . jamais	il **ne** fume **jamais**	*er raucht **nie***
ne . . . jamais de	il **ne** fume **jamais de** Gitanes	*er raucht **nie** Gitanes*
ne . . . pas non plus	je **ne** fume **pas *non plus***	*ich rauche **auch nicht***
ne . . . que	je **ne** fume **que** des Gitanes	*ich rauche **nur** Gitanes*
personne . . . ne	**personne ne** fume	***niemand** raucht*

b) Stellung der Verneinungsadverbien

Bei den sogenannten einfachen Zeiten (z.B. Präsens) schließen die beiden Teile der Verneinung das Verb und die begleitenden Akkusativ- bzw. Dativobjekte der Personalpronomen ein, z.B. il **ne** la connaît **pas** *(er kennt sie nicht).* Bei zusammengesetzten Zeiten (z.B. passé composé) schließen die beiden Teile der Verneinung das Hilfsverb (z.B. avoir oder être) und die Personalpronomen im Akkusativ- bzw. Dativobjekt ein, z.B. il **ne** lui a **pas** donné de clés *(er hat ihm keine Schlüssel gegeben).*

c) Beispiele

einfache Zeiten
(Präsens)

Tu remplis la fiche?	*Füllst du die Karte aus?*
Non, je **ne** la remplis **pas.**	*Nein, ich fülle sie nicht aus.*
Tu as des cigarettes?	*Hast du Zigaretten?*
Non, je **n'**en ai **pas.**	*Nein, ich habe keine.*
Tu téléphones à Peter?	*Rufst du Peter an?*
Non, je **ne** lui téléphone **plus.**	*Nein, ich rufe ihn nicht mehr an.*
Tu donnes les clés à Gisèle?	*Gibst du die Schlüssel Gisèle?*
Non, je **ne** les lui donne **pas**	*Nein, ich gebe sie ihr nicht.*

zusammengesetzte Zeiten
(passé composé)

Tu as rempli la fiche?	*Hast du die Karte ausgefüllt?*
Non, je **ne** l'ai **pas** remplie.	*Nein, ich habe sie nicht ausgefüllt.*
Tu as eu des cigarettes?	*Hast du Zigaretten gehabt?*
Non, je **n'**en ai **pas** eu.	*Nein, ich habe keine gehabt.*
Tu as téléphoné à Peter?	*Hast du Peter angerufen?*
Non, je **ne** lui ai **plus** téléphoné.	*Nein, ich habe ihn nicht mehr angerufen.*
Tu as donné les clés à Gisèle?	*Hast du die Schlüssel Gisèle gegeben?*
Non, je **ne** les lui ai **pas** données.	*Nein, ich habe sie ihr nicht gegeben.*

Merke: Les steht vor **lui;** je **les lui** donne – *ich gebe sie ihm.*

2. Die unregelmäßigen Verben dire und savoir

dire *sagen*

Präsens

je dis	*[ʒə di]*	*ich sage*
tu dis		*du sagst*

il/elle dit	*[il/äl di]*	*er/sie/es sagt*
nous disons		*wir sagen*
vous dites		*ihr sagt*
ils/elles disent	*[il/äl dis]*	*sie sagen*
passé composé		
j'ai dit		*ich habe gesagt*
etc.		*usw.*

savoir *wissen*

Präsens

je sais	*ich weiß*
tu sais	*du weißt*
il/elle sait	*er/sie/es weiß*
nous savons	*wir wissen*
vous savez	*ihr wißt*
ils/elles savent	*sie wissen*

Perfekt

j'ai su	*ich habe gewußt*
etc.	*usw.*

II.4. Wortschatz

inviter	*ãwite*	einladen
pourquoi pas	*purkoa pa*	warum nicht
j'ai le temps	*ʒe lö tã*	ich habe Zeit
seulement	*ßölmã*	nur
vous auriez . . .	*wus‿orje*	hätten Sie . . .
laisser	*leße*	*(hier)* liegenlassen
le compartiment	*lö kõpartimã*	Abteil
malheureusement	*malörösmã*	leider
proposer	*prɔpose*	anbieten
fumer	*füme*	rauchen
les blondes	*le blõd*	Zigaretten aus hellem Tabak
de temps en temps	*dö tãs‿ã tã*	ab und zu
je m'appelle . . .	*ʒö mapel*	ich heiße . . .
être en vacances	*ätrö ã wakãß*	Urlaub machen

rejoindre	*rö ʒoãdrö*	*(hier)* treffen
le mari	*lö mari*	Ehemann
le voyage d'affaires	*lö woajaʒ dafär*	Geschäftsreise

II.5. Übungen

*1. Setzen Sie **qui** oder **que** ein:*
C'est le garçon .... apporte la carte. Ce sont les amis .... j'attends. C'est toujours Gisèle .... téléphone. Il a choisi le menu .... j'ai choisi. Le train pour Grenoble, c'est le train .... part à 8 h quai 9. Les billets .... tu as ne sont plus valables. C'est Peter .... connaît l'employé, ce n'est pas moi.

2. Setzen Sie die angegebene Verneinung ein:
Muster:

Il fume (ne .... pas) = il **ne** fume **pas.**
Il a téléphoné (ne .... plus) = il **n'**a **plus** téléphoné.

Elle va à Paris (ne .... jamais) ____________________

Tu lui dis bonjour (ne .... plus) ____________________

Ils ont attendu le train (ne .... pas) ____________________

Je fume des Gitanes (ne .... que) ____________________

Il a réservé des couchettes (ne .... pas de) ____________________

Elles fument (ne .... pas non plus) ____________________

*3. Setzen Sie **lui** oder **leur** ein:*
Muster:
Je téléphone à Peter. – Je **lui** téléphone.
Je téléphone à M. et Mme Meyer. – Je **leur** téléphone.

Le garçon apporte le bifteck à Mme Meyer. Il .... apporte le bifteck. Nous donnons les clés à l'employé de la réception. Nous .... donnons les clés. Tu dis bonjour aux Meyer. Tu .... dis bonjour. Je donne des cigarettes à Claudia. Je .... donne des cigarettes. Vous téléphonez aux Dupont à 6 h. Vous .... téléphonez à 6 h.

4. Übersetzen Sie:

Wir nehmen den Zug, der um 8 Uhr abfährt. Ich rauche nicht die Zigaretten, die du rauchst. Darf ich Sie zu einem Kaffee einladen? Mein Name ist Petra Schmid. Ich bin nicht auf Geschäftsreise, ich mache Urlaub in Frankreich. Die Suppe, die Sie mir gebracht haben, ist kalt.

Leçon 10 – Lektion 10

À Grenoble chez les Dupont

In Grenoble bei Duponts

I.1. C'est l'anniversaire de madame Dupont

Madame Meyer: *M^me^M.*, Monsieur Meyer: *M.M.*, Madame Dupont: *M^me^D.*, Monsieur Dupont: *M.D.*

M.M., Mme M.:	Bon anniversaire, Annick!
Mme D.:	Merci, chers amis, vous prendrez bien l'apéritif avant le dîner?
M.M., Mme M.:	Volontiers.
Mme D.:	Marcel, viens prendre l'apéritif. Qu'est-ce que je vous sers?
M.M.:	Pour moi un Sherry, s'il te plaît.
Mme M.:	La même chose pour moi.
Mme D.:	Et toi Marcel? Un Pernod comme d'habitude?
M.D.:	Oui, c'est ça, un Pernod avec des glaçons.

M.M., Mme M.: À la tienne Annick, à la tienne Marcel!
Mme D.: À la vôtre, chers amis!

I.2. Übersetzung

Frau Dupont hat Geburtstag

Madame Meyer: *Mme M.,* Herr Meyer: *M.M.,* Frau Dupont: *Mme D.,* Herr Dupont: *M.D.*
M.M., Mme M.: Alles Gute zum Geburtstag, Annick! - *Mme D.:* Danke, liebe Freunde. Wie wär's mit einem Aperitif vor dem Abendessen? - *M.M., Mme M.:* Gerne! - *Mme D.:* Marcel! Komm zum Aperitif! Was darf ich euch anbieten.? - *M.M.:* Für mich einen Sherry, bitte. - *Mme M.:* Das gleiche für mich. - *Mme D.:* Und für dich, Marcel? Einen Pernod wie üblich? - *M.D.:* Ja, genau, einen Pernod mit Eis, bitte. - *M.M., Mme M.:* Auf dein Wohl, Annick! Auf dein Wohl, Marcel! - *Mme D.:* Prost, liebe Freunde!

I.3. Grammatik

1. Das Alphabet und die orthographischen Zeichen im Französischen

a) Das Alphabet

a	b	c	d	e	f	g	h	i
a	*be*	*ße*	*de*	*ö*	*äf*	*ʒe*	*asch*	*i*
j	k	l	m	n	o	p	q	r
ʒi	*ka*	*äl*	*äm*	*än*	*o*	*pe*	*kü*	*är*
s	t	u	v	w	x	y	z	
äß	*te*	*ü*	*we*	*dublöwe*	*ikß*	*igräk*	*säd*	

b) Die Akzente

l'apéritif	**-é-** [*e*]	das -e- wird als geschlossenes -e- gesprochen, ´ = accent aigu
je préfère	**-è-** [*ä*]	das -e- wird als offenes -e- = ä gesprochen, ` = accent grave

un hôtel	**-ô-** [*o*]	das -o- wird als geschlossenes -o- gesprochen, ^ = accent circonflexe
être	**-ê-** [*ä*]	das -e- wird als offenes -e- gesprochen

c) Cedille
Ça fait combien?, une leçon, déçu
Die Cedille ¸ zeigt an, daß c vor a, o, u [*s*] gesprochen wird.
d) Bindestrich
le wagon-restaurant, donnez-moi
Der Bindestrich *(le trait d'union)* dient zur Bildung zusammengesetzter Hauptwörter (z.B. wagon-restaurant), er wird auch bei bestimmten Formen von Zeitwörtern gebraucht.
e) Trema
Citroën, aiguë
Das Trema *(le tréma)* ¨ zeigt die getrennte Aussprache zweier Selbstlaute, z.B. Citroën, an. Das Trema zeigt, daß **u** in **-gue-** ausgesprochen wird, z.B. aiguë *(spitz).*
f) Apostroph
Qu'est-ce que c'est?, l'ami
Der Apostroph *(l'apostrophe)* ersetzt bestimmte Konsonanten vor Wörtern, die mit Konsonanten oder stummem h beginnen.

2. Groß- und Kleinschreibung
In der Regel beginnt im Französischen ein Wort mit einem Kleinbuchstaben. Die Eigennamen werden groß geschrieben: **M**arcel **D**upont, la **F**rance, un **P**ernod, **P**aris usw.
Man schreibt das erste Wort eines Satzes, einer Überschrift groß.

I.4. Wortschatz

l'anniversaire *m*	*laniwärßär*	Geburtstag
c'est l'anniversaire de . . .	*ßä laniwärßär dö*	. . . hat Geburtstag
bon anniversaire!	*bɔn‿aniwärßär*	alles Gute zum Geburtstag!
vous prendrez bien . . .	*wu prãdre bjæ̃*	*(hier)* wie wäre es mit . . .
l'apéritif *m*	*laperitif*	Aperitif

avant	*awã*	*(zeitlich)* vor
le dîner	*l^{ö} dine*	Abendessen
volontiers	*wɔlõtje*	gerne
qu'est-ce que je vous sers?	*kä‿ß^{ö} k^{ö} ʒ^{ö} wu ßär*	was darf ich Ihnen/euch anbieten/einschenken?
la même chose ...	*la mäm schos*	das gleiche ...
comme d'habitude	*kɔm dabitüd*	wie üblich
les glaçons	*le glaßõ*	Eiswürfel
à la tienne!	*a la tjän*	Auf dein Wohl!
à la vôtre!	*a la wotr^{ö}*	Prost!

II.1. Projets de vacances

Monsieur Meyer: *M.M.*, Madame Meyer: *Mme M.*,
Monsieur Dupont: *M.D.*, Madame Dupont: *Mme D.*

M.M.: Alors Annick, où est-ce que vous allez en vacances cette année?

Mme D.: Je ne sais pas encore. Je n'ai pas très envie de partir.

Mme M.: Pourquoi donc?

Mme D.: C'est une question d'argent. J'aimerais aller à l'hôtel mais c'est très cher pour quatre personnes.

M.D.: On pourrait faire du camping en Bretagne comme l'année dernière.

Mme D.: Ah non alors! Il a plu tout le temps.

Mme M.: J'ai une meilleure idée. Venez donc nous voir à Munich.

II.2. Übersetzung

Urlaubspläne

Herr Meyer: *M.M.*, Frau Meyer: *Mme M.*,
Herr Dupont: *M.D.*, Frau Dupont: *Mme D.*
M.M.: Na, Annick, wohin fahrt ihr dieses Jahr in Urlaub? – *Mme D.:* Ich weiß es noch nicht. Ich habe nicht sehr die Absicht wegzufahren. – *Mme M.:* Warum denn? – *Mme D.:* Das ist eine Geldfrage. Ich möchte in ein Hotel gehen, aber für vier Leute ist es sehr teuer. – *M.D.:* Wir könnten in der Bretagne zelten wie letztes Jahr. – *Mme D.:* Nein danke! Es hat die ganze Zeit geregnet. – *Mme M.:* Ich habe eine bessere Idee. Kommt ihr uns doch in München besuchen.

II.3. Grammatik

1. Tout

Tout [*tu*] bedeutet *alle, alles, ganz, jede(r, -s).*
Beispiel:
Il a plu **tout** le temps. – *Es hat die **ganze** Zeit geregnet.*

a) Tout vor dem Substantiv

Singular	Plural
maskulin	
tout [*tu*] **l'hôtel** en parle	elle téléphone **tous** [*tu*] **les jours**
das ganze Hotel spricht davon	*sie ruft jeden Tag an*
il parle **tout** [*tu*] **le temps**	**tous** [*tu*] **les touristes** cherchent une chambre
er redet die ganze Zeit	*alle Touristen suchen ein Zimmer*
feminin	
il écrit **toute** [*tut*] **la lettre** en français	elle téléphone **toutes** [*tut*] **les semaines**
er schreibt den ganzen Brief auf französisch	*sie ruft jede Woche an*
il visite **toute** [*tut*] **la ville**	**toutes** [*tut*] **les places** sont chères
er besichtigt die ganze Stadt	*alle Plätze sind teuer*

Tout richtet sich in Numerus und Genus nach dem Substantiv, auf das es sich bezieht. **Tout** kann auch mit **un/une, ce, mon** usw. kombiniert werden, z.B.:

toute une journée	*einen ganzen Tag*
tous ces touristes	*alle diese Touristen*
tout mon argent	*mein ganzes Geld*

b) Tout ohne Artikel

Ohne Artikel bedeutet tout *jede(r, -s),* z.B.:

Vous pouvez téléphoner à **toute heure.**	*Sie können zu **jeder** Tageszeit anrufen.*

c) Merke:

tout le monde	= *jeder*
toutes les fois	= *jedesmal*

d) Tout alleinstehend

Z.B.: Il sait **tout** [*tu*].	*Er weiß alles.*
Tous [*tus*] (maskulin) vont à Paris.	*Alle fahren nach Paris.*
Toutes [*tut*] (feminin) vont à Paris.	*Alle fahren nach Paris.*
Ils vont tous [*tus*] au cinéma.	*Sie gehen alle ins Kino.*
Elles vont toutes [*tut*] au cinéma.	*Sie gehen alle ins Kino.*

Merke:

Tous (adjektivisch) und tous (substantivisch) werden unterschiedlich ausgesprochen.

tous [***tu***] les jours	*jeden Tag*
tous [***tus***] vont à Paris	*alle fahren nach Paris*

2. Das adjektivische Interrogativpronomen quel

Beispiel:

J'ai réservé une chambre.	*Ich habe ein Zimmer vorbestellt.*
Oui, à quel nom?	*Ja, auf welchen Namen?*

a) Formen

Singular	Plural
maskulin	
quel	**quels**
quel hôtel? *welches Hotel?*	quels touristes? *welche Touristen?*
feminin	
quelle	**quelles**
quelle voiture? *welcher Wagen?*	quelles chambres? *welche Zimmer?*

quel stimmt in Numerus und Genus mit seinem Bezugswort überein.

b) Geläufige Wendungen mit quel

Quelle heure est-il?	*Wie spät ist es?*
Quel âge a-t-il?	*Wie alt ist er?*

Quelle taille faites-vous?	*Welche Kleidergröße haben Sie?*
Quelle pointure faites-vous?	*Welche Schuhgröße haben Sie?*
Quel jour sommes-nous?	*Den Wievielten haben wir heute?*

II.4. Wortschatz

cette année	*ßät‿ane*	dieses Jahr
pourquoi donc?	*purkoa dõk*	warum denn?
c'est une question d'argent	*ßät‿ün kästjõ darʒã*	das ist eine Geldfrage
j'aimerais . . .	*ʒämrä*	ich würde gern, ich möchte . . .
cher	*schär*	teuer
la personne	*la pärßɔn*	Person
quatre personnes	*katr*^{ö} *pärßɔn*	vier Leute
on pourrait . . .	*õ purä*	wir (man) könnte(n) . . .
faire du camping	*fär dü kãping*	zelten
la Bretagne	*la br*^{ö}*tanj*^{ö}	Bretagne
tout le temps	*tu l*^{ö} *tã*	die ganze Zeit
meilleur	*mäjɔ̃r*	besser
l'idée *f*	*lide*	Idee
venir voir	*w*^{ö}*nir woar*	*(Person)* besuchen

II.5. Übungen

1. Ergänzen Sie folgende Sätze mit ***quel, quelle, quels*** *oder* ***quelles:***
Vous partez à .... heure? .... jour sommes-nous? Vous avez réservé les chambres à .... nom? Je ne sais pas .... âge elle a. .... couleurs aimez-vous? .... livres aimez-vous? .... taille faites-vous? .... pointure faites-vous?

2. Setzen Sie die passende Form von ***tout*** *ein:*
Il a cherché l'hôtel .... la journée. Tu parles .... le temps. Nous faisons du sport .... les semaines. .... les touristes visitent ce musée. Il a réservé .... les chambres de l'hôtel. Il a acheté .... les livres de Simenon.

3. Wiederholung: Setzen Sie das passé composé ein:
Muster:
J'invite mes amis à prendre le café. – **J'ai invité** mes amis à prendre le café.

Elle fume des blondes .... Elle téléphone tous les jours à 8 h .... Nous allons à Paris en mai .... Elle remplit la fiche d'hôtel .... Ils envoient un télégramme à Berlin .... Elle descend à Lyon .... Nous réservons nos chambres .... Il pleut en Bretagne .... Il dit bonjour à Peter ....

4. Übersetzen Sie:
Wohin fährst du dieses Jahr in Urlaub? Ich zelte in der Bretagne. Ich habe keine große Lust, ins Restaurant zu gehen. Alles Gute zum Geburtstag, Eva! Auf dein Wohl! Was nimmst du als Aperitif? Gib mir einen Pernod mit Eis. Ich habe keine Urlaubspläne, und Sie? Ich auch nicht.

Leçon 11 – Lektion 11

À Grenoble chez les Dupont

In Grenoble bei den Duponts

I.1. Monsieur Dupont et Monsieur Meyer parlent de leurs problèmes professionnels

Monsieur Meyer: *M. M.*, Monsieur Dupont: *M. D.*

M. D.: Tu es toujours content de ton travail?

M. M.: Non, j'ai bien réfléchi. J'ai décidé de chercher un autre travail.

M. D.: Est-ce qu'on trouve facilement du travail en Allemagne en ce moment?

M. M.: Non, c'est difficile. Et toi? Toujours chez Lemercier?

M. D.: Ah non, j'y suis resté dix ans, ça suffit. Je suis chez Bourdarot depuis six mois.

M. M.: Je ne savais pas. Tu ne regrettes pas Lemercier?

M. D.: Pas du tout, avant je travaillais plus et je gagnais moins d'argent. Maintenant je travaille moins et je gagne plus.

I.2. Übersetzung

Herr Dupont und Herr Meyer sprechen über ihre beruflichen Probleme

Herr Meyer: *M.M.*, Herr Dupont: *M.D.*

M.D.: Bist du immer noch zufrieden mit deiner Arbeit? – *M.M.:* Nein, ich habe gründlich nachgedacht und beschlossen, eine andere Arbeit zu suchen. – *M.D.:* Kann man in Deutschland zur Zeit leicht Arbeit finden? – *M.M.:* Nein, das ist schwierig. Und du? Immer noch bei Lemercier? – *M.D.:* O nein, ich habe dort 10 Jahre gearbeitet. Das reicht. Ich bin seit 6 Monaten bei Bourdarot. – *M. M.:* Sehnst du dich nicht zu Lemercier zurück? – *M.D.:* Ganz und gar nicht, vorher mußte ich mehr arbeiten und verdiente weniger Geld. Jetzt arbeite ich weniger und verdiene mehr Geld.

I.3. Grammatik

1. Das Imperfekt

Beispiel:

Je **gagnais** moins d'argent. - *Ich verdiente weniger Geld.*

a) Formen

Je travaillais - *ich arbeitete;* il gagnait - *er verdiente.* Zur Bildung des Imperfekts (l'imparfait *m*) werden an den Stamm der ersten Person Plural des Präsens folgende Endungen angehängt:

1. Person Singular	**-ais**
2. Person Singular	**-ais**
3. Person Singular	**-ait**
1. Person Plural	**-ions**
2. Person Plural	**-iez**
3. Person Plural	**-aient**

Beispiel für die Formenbildung des Imperfekts:

1. Person Plural des Präsens: nous **travaill**-ons

Imperfekt (1. Person Singular): je travaill-**ais**

Imperfekt der Verben auf *-er*

travailler *arbeiten*

je	travaillais	*ich*	*arbeitete*
tu	travaillais	*du*	*arbeitetest*

il/elle	travaillait	*er/sie/es*	*arbeitete*
nous	travaillions *[nu trawajiõ]*	*wir*	*arbeiteten*
vous	travailliez	*ihr*	*arbeitetet*
ils/elles	travaillaient *[il trawajä]*	*sie*	*arbeiteten*

Imperfekt der Verben auf *-ir*

finir *beenden*

je	finissais	*ich*	*beendete*
tu	finissais	*du*	*beendetest*
il/elle	finissait	*er/sie/es*	*beendete*
nous	finissions	*wir*	*beendeten*
vous	finissiez	*ihr*	*beendetet*
ils/elles	finissaient	*sie*	*beendeten*

Imperfekt der Verben auf *-re*

attendre *warten*

j'	attendais	*ich*	*wartete*
tu	attendais	*du*	*wartetest*
il/elle	attendait	*er/sie/es*	*wartete*
nous	attendions	*wir*	*warteten*
vous	attendiez	*ihr*	*wartetet*
ils/elles	attendaient	*sie*	*warteten*

b) Gebrauch

Neben dem passé composé gibt es im Französischen das imparfait, um die einfache Vergangenheit auszudrücken. Das Imperfekt betont die Dauer von Vorgängen und Handlungen in der Vergangenheit. Deshalb wird es meistens gebraucht, um Gewohnheiten, sich wiederholende Vorgänge, Zustandsbeschreibung zu bezeichnen.

Beispiel:

Autrefois je ne fumais pas. Maintenant je fume 3 paquets par jour. – *Früher rauchte ich nicht. Jetzt rauche ich drei Schachteln Zigaretten pro Tag.*

2. Das unregelmäßige Verb servir

servir *anbieten, (be)dienen*

Präsens

je	sers	*ich*	*biete an*
tu	sers	*du*	*bietest an*
il/elle	sert	*er/sie/es*	*bietet an*
nous	servons	*wir*	*bieten an*
vous	servez	*ihr*	*bietet an*
ils/elles	servent	*sie*	*bieten an*

Imperfekt

je	servais	*ich bot an*
tu	servais	*du botest an*
etc.		*usw.*

Perfekt

j'ai servi	*ich habe angeboten*
etc.	*usw.*

I.4. Wortschatz

le problème	*lö problämm*	Problem
professionnel	*prɔfeßjɔnäl*	Berufs-, beruflich
être content de	*ätrö kõtã dö*	zufrieden sein (mit)
le travail	*lö trawaj*	Arbeit
réfléchir	*refleschir*	überlegen, nachdenken
décider	*deßide*	entscheiden
facilement	*faßilmã*	leicht
en ce moment	*ã ßö mɔmã*	zur Zeit, im Augenblick
difficile	*difißil*	schwierig
rester	*räßte*	bleiben
l'an *m*	*lã*	Jahr
ça suffit	*ßa ßüfi*	das reicht
depuis	*döpüi*	seit
regretter	*rögräte*	*(hier)* sich zurücksehnen
pas du tout	*pa dü tu*	ganz und gar nicht
plus	*plü*	mehr
gagner	*ganje*	verdienen

l'argent	*larʒã*	Geld
moins d'argent	*moä̃ darʒã*	weniger Geld
maintenant	*mä̃tnã*	jetzt

II.1. Madame Meyer et Madame Dupont parlent de leur travail

Madame Meyer: *Mme M.*, Madame Dupont: *Mme D.*

Mme M.: Dis-moi, Annick, tu travailles dans une agence de voyages maintenant?

Mme D.: Oui, j'ai cherché longtemps avant de trouver un emploi à mi-temps.

Mme M.: Comment est-ce que tu as trouvé cette place?

Mme D.: Ma sœur connaissait bien le patron de l'agence.

Mme M.: Moi, je suis toujours femme au foyer à cause des enfants.

Mme D.: Les miens sont grands maintenant. Ils se débrouillent bien tout seuls.

Mme M.: J'espère pouvoir retravailler dans deux ans. J'aimais bien mon métier.

Mme D.: Qu'est-ce que tu faisais comme métier?

Mme M.: J'étais infirmière.

II.2. Übersetzung

Frau Meyer und Frau Dupont sprechen über ihre Arbeit

Frau Meyer: *Mme M.*, Frau Dupont: *Mme D.*

Mme M.: Sag mal, Annick, arbeitest du jetzt in einem Reisebüro? – *Mme D.:* Ja, bevor ich eine Halbtagsbeschäftigung fand, habe ich lange gesucht. – *Mme M.:* Wie hast du diesen Arbeitsplatz gefunden? – *Mme D.:* Meine Schwester kannte den Chef des Reisebüros gut. – *Mme M.:* Ich bin immer noch Hausfrau, der Kinder wegen. – *Mme D.:* Meine sind jetzt groß. Sie kommen gut allein zurecht. – *Mme M.:* In zwei Jahren hoffe ich wieder arbeiten zu können. Ich hatte meinen Beruf sehr gern. – *Mme D.:* Was hast du beruflich gemacht? – *Mme M.:* Ich war Krankenschwester.

1. Das substantivische Possessivpronomen

Beispiel:

Les miens sont grands. – *Die meinigen sind groß.* Das Possessivpronomen stimmt in Genus und Numerus mit dem Substantiv überein, auf das es sich bezieht; z. B.: C'est **ton livre?** – *Ist das dein Buch?* Oui, c'est **le mien.** – *Ja, das ist meines.*

Übersicht

	Singular			
	maskulin			**feminin**
je	le mien	*der meine/meinige*	la mienne	*die meine*
tu	le tien	*der deine*	la tienne	*die deine*
vous	le vôtre	*der Ihre*	la vôtre	*die Ihrige*
il + elle	le sien	*der seine/ihre*	la sienne	*die seine/ihrige*
nous	le nôtre	*der unsere*	la nôtre	*die unsere*
vous	le vôtre	*der euere/ der Ihrige*	la vôtre	*die euere/ die Ihrige*
ils + elles	le leur	*der ihrige*	la leur	*die ihrige*
	Plural			
	maskulin			**feminin**
je	les miens	*die meinen*	les miennes	*die meinigen*
tu	les tiens	*die deinen*	les tiennes	*die deinigen*
vous	les vôtres	*die Ihrigen*	les vôtres	*die Ihrigen*
il + elle	les siens	*die seinen*	les siennes	*die seinigen*
nous	les nôtres	*die unseren*	les nôtres	*die unseren*
vous	les vôtres	*die eueren/ die Ihrigen*	les vôtres	*die eueren/ die Ihrigen*
ils + elles	les leurs	*die ihrigen*	les leurs	*die ihrigen*

Merke: J'invite **mes** amis et **les tiens**. – *Ich lade meine und deine Freunde ein.* Beziehen sich mehrere Possessivpronomen auf ein und dasselbe Substantiv (*hier* amis), so ist nur das erste ein adjektivisches (mon, ton, son usw., siehe Lektion 8, Grammatik II), alle weiteren sind substantivische Possessivpronomen (le mien, le tien, le sien usw.)

2. Avant de + Infinitiv = bevor/ehe + Nebensatz
Beispiel:
J'ai cherché longtemps avant de trouver du travail. – *Ich habe lange gesucht, bevor ich Arbeit fand.*

II.4. Wortschatz

l'agence *f* de voyages	*laʒãß dö woajaʒ*	Reisebüro
longtemps	*lõtã*	lange
l'emploi à mi-temps	*lãploa a mitã*	Halbtagsbeschäftigung
comment	*kɔmã*	wie
la place	*la plaß*	Arbeitsstelle
la sœur	*la ßɔ̈r*	Schwester
le patron	*lö patrõ*	Chef
toujours	*tuʒur*	immer
la femme au foyer	*la fam o foaje*	Hausfrau
à cause de	*a kos dö*	wegen
l'enfant *m*	*lãfã*	Kind
grand	*grã*	groß
se débrouiller	*ßö debruje*	zurechtkommen
seul	*ßɔ̈l*	allein
retravailler	*rötrawaje*	wieder arbeiten
dans deux ans	*dã dös‿ã*	in zwei Jahren
aimer	*eme*	*(hier)* gern haben
le métier	*lö metje*	Beruf, Arbeit
l'infirmière *f*	*lã̃fimjär*	Krankenschwester

II.5. Übungen

1. Setzen Sie das Imperfekt ein:
Muster:
Il travaille chez Lemercier. – *Er arbeitet bei Lemercier.*
Il travaill**ait** chez Lemercier. – *Er arbeitete bei Lemercier.*
Nous cherchons du travail. Nous .... du travail. Elle nous sert du Pernod. Elle nous .... du Pernod. Il téléphone toujours à 6 h. Il .... toujours à 6 h. Elle choisit le menu à 60 F.

Elle .... le menu à 60 F. Nous allons voir les Dupont à Grenoble. Nous .... voir les Dupont à Grenoble. Elle attend le train quai 8. Elle .... le train quai 8. Tu connais bien le patron de l'agence. Tu .... bien le patron de l'agence. Elle ne dit pas son nom au téléphone. Elle .... son nom au téléphone.

2. Formen Sie die folgenden Sätze um, indem Sie ***avant de + Infinitiv*** *benutzen:*
Muster:
J'invite Annick, je lui téléphone. – *Ich lade Annick ein, ich rufe sie an.* **Avant d'inviter** Annick je lui téléphone. – *Bevor ich Annick einlade, rufe ich sie an.*

Je vais au cinéma, je finis mon travail ____________________

Il part mardi, il achète son billet à la gare ________________

Nous arrivons à Grenoble, nous changeons de train à Lyon __

Je téléphone en Allemagne, je cherche l'indicatif __________

3. Setzen Sie das substantivische Possessivpronomen ***(le mien, le tien*** *usw.) ein:*
Muster:
C'est mon livre. – Das ist mein Buch.
C'est **le mien.** – Das ist das meinige.
C'est mon cadeau. C'est .... C'est sa voiture. C'est .... C'est notre hôtel. C'est .... Ce sont mes clés. Ce sont .... C'est son ami. C'est .... C'est leur agence de voyage. C'est .... Ce sont leurs enfants. Ce sont .... C'est votre café. C'est .... C'est ma lettre. C'est .... C'est ta valise. C'est .... C'est sa couchette. C'est ....

4. Übersetzen Sie:
Sie arbeitete in einem Reisebüro. Ich hatte meinen Beruf sehr gern. Ich verdiente weniger Geld. Meine Schwester ist Hausfrau. Ich bin nicht mehr zufrieden mit meiner Arbeit. Eine Halbtagsbeschäftigung konnte ich nicht finden. Ich wußte nicht, daß (= *que*) Sie Krankenschwester sind.

Leçon 12 – Lektion 12

Dernier jour à Grenoble

Letzter Tag in Grenoble

I.1. Les Dupont et les Meyer organisent une sortie

Monsieur Meyer: *M.M.*, Monsieur Dupont: *M.D.*,
Madame Meyer: *Mme M.*, Madame Dupont: *Mme D.*

M.D.: Alors, vous avez vu l'exposition de photos?

M.M.: Non, nous sommes arrivés trop tard. La galerie était déjà fermée.

Mme D.: Dommage, demain c'est votre dernier jour à Grenoble. Qu'est-ce qu'on pourrait faire?

M.D.: Si on allait au cinéma?

M.M.: Non, nous ne comprenons pas assez bien le français.

Mme M.: Si on allait danser?

M.D.: Annick n'aime pas ça.

M.M.: Alors, on pourrait aller au concert. Claude Arrau joue demain au théâtre municipal de Grenoble.
Mme D.: C'est une bonne idée. Qui s'occupe des billets?
M.M.: Moi, j'ai le temps de le faire demain.

I.2. Übersetzung

Duponts und Meyers planen auszugehen

Herr Meyer: *M.M.*, Herr Dupont: *M.D.*, Frau Meyer: *Mme M.*, Frau Dupont: *Mme D.*

M.D.: Habt ihr die Photoausstellung gesehen? – *M.M.:* Nein, wir sind zu spät gekommen. Die Galerie war schon zu. – *Mme D.:* Schade, morgen ist euer letzter Tag in Grenoble. Was könnten wir unternehmen? – *M.D.:* Sollen wir ins Kino gehen? – *M.M.:* Nein, wir verstehen zu wenig Französisch. – *Mme M.:* Wollen wir tanzen gehen? – *M.D.:* Annick mag das nicht. – *M.M.:* Dann könnten wir ins Konzert gehen. Claudio Arrau spielt morgen im Stadttheater von Grenoble. – *Mme D.:* Das ist eine gute Idee. Wer kümmert sich um die Karten? – *M.M.:* Ich. Ich habe Zeit, das morgen zu erledigen.

I.3. Grammatik

1. Verben mit der Konstruktion de + Infinitiv

Beispiel:

J'ai le temps **de** le **faire** demain. – *Ich habe Zeit, das morgen zu erledigen.*

Avoir le temps de + Infinitiv = *Zeit haben, etwas zu tun.* Viele Verben werden mit der Präposition **de + Infinitiv** konstruiert. Zu dieser Gruppe gehören z.B.:

avoir le temps de	*Zeit haben, etwas zu tun*
attendre de	*(ab)warten bis*
finir de	*aufhören, etwas zu tun*
continuer de	*etwas weiterführen, -machen*
regretter de	*bedauern, daß…*
permettre de	*erlauben, etwas zu tun*
s'excuser de	*sich für oder wegen etwas entschuldigen*

Für einige dieser Verben gibt es zwei Konstruktionsmöglichkeiten:

a) Verb + de + Infinitiv
oder
b) Verb + de + Substantiv

Beispiel:

Il s'excuse d'arriver si tard.	*Er entschuldigt sich, so spät zu kommen.*
Il s'excuse de son retard.	*Er entschuldigt sich für seine Verspätung.*

2. Die unregelmäßigen Verben voir und comprendre

voir *sehen*

Präsens

je	vois	*ich*	*sehe*
tu	vois	*du*	*siehst*
il/elle	voit	*er/sie/es*	*sieht*
nous	voyons	*wir*	*sehen*
vous	voyez	*ihr*	*seht*
ils/elles	voient	*sie*	*sehen*

Imperfekt

je voyais — *ich sah*
etc. — *usw.*

Perfekt

j' ai vu — *ich habe gesehen*
etc. — *usw.*

comprendre *verstehen*

Präsens

je	comprends	*ich*	*verstehe*
tu	comprends	*du*	*verstehst*
il/elle	comprend	*er/sie/es*	*versteht*

nous	comprenons	*wir*	*verstehen*
vous	comprenez	*ihr*	*versteht*
ils/elles	comprennent	*sie*	*verstehen*

Imperfekt

je comprenais	*ich verstand*
etc.	*usw.*

Perfekt

j'ai compris	*ich habe verstanden*
etc.	*usw.*

I.4. Wortschatz

voir	*woar*	sehen
l'exposition *f*	*lekßposißjõ*	Ausstellung
la photo	*la foto*	Photo
trop tard	*tro tar*	zu spät
la galerie	*la galri*	Galerie
fermé	*färme*	zu, geschlossen
dommage	*dɔmaʒ*	schade
demain	*d^ö mä̃*	morgen
dernier	*därnje*	letzter
on pourrait...	*õ purä*	man könnte... *bzw.* wir könnten...
faire	*fär*	*(hier)* erledigen
comprendre	*kõprãdr^ö*	verstehen
assez bien	*aße bjä̃*	gut genug
ne... pas assez bien		zuwenig
si on allait danser?	*ßi õn‿alä dãße*	sollen wir tanzen gehen *(Vorschlag)*
le concert	*l^ö kõßär*	Konzert
jouer	*ʒue*	spielen
le théâtre municipal	*l^ö teatr^ö münißipal*	Stadttheater
s'occuper de...	*ßoküpe d^ö*	sich kümmern (um)
avoir le temps de...	*awoar l^ö tã d^ö*	Zeit haben (etwas zu tun)

II.1. Monsieur Meyer téléphone au théâtre

Monsieur Meyer: *M.M.*, une employée: *E.*

E.: Allô, Théâtre municipal de Grenoble. J'écoute.

M.M.: Bonjour, Mademoiselle, je voudrais quatre bonnes places pour le concert de Claude Arrau ce soir.

E.: Je regrette, Monsieur. Je ne peux plus vous réserver de places par téléphone. Passez au bureau de location cette après-midi à partir de 2 h 30.

M.M.: Vous pouvez me dire s'il reste encore des places et ce qu'elles coûtent?

E.: Pour ce soir il reste des places à 45 F au balcon.

M.M.: Il reste des places d'orchestre?

E.: Non, les places d'orchestre c'est complet.

M.M.: Bon, je vous remercie du renseignement.

E.: Je vous en prie.

II.2. Übersetzung

Herr Meyer ruft beim Theater an

Herr Meyer: *M.M.*, eine Angestellte: *E.*

E.: Stadttheater Grenoble. Sie wünschen? – *M.M.:* Guten Tag. Ich möchte vier gute Konzertkarten für Claudio Arrau heute abend. – *E.:* Tut mir leid. Telephonisch kann ich keine Karten mehr zurücklegen. Kommen Sie heute nachmittag ab 2 Uhr 30 an der Theaterkasse vorbei. – *M.M.:* Können Sie mir sagen, ob es noch Karten gibt und was sie kosten? – *E.:* Für heute abend gibt es noch Rangkarten zu 45 F. – *M.M.:* Gibt es noch Karten fürs Parkett? – *E.:* Nein, die Karten fürs Parkett sind ausverkauft. – *M.M.:* Gut, ich bedanke mich für die Auskunft. – *E.:* Nichts zu danken.

II.3. Grammatik

1. Das unbetonte Personalpronomen als Akkusativobjekt

Beispiele:

Tu **me** comprends.	*Du verstehst mich.*
Il **le** comprend.	*Er versteht ihn.*

Me, le usw. sind Akkusativobjekte des Personalpronomens (Antwort auf die Frage wen?). Personalpronomen im Akkusativ stehen als Ergänzung bei transitiven Verben, z. B.:

Il cherche madame Dupont.	*Er sucht Frau Dupont.*
Il la cherche.	*Er sucht sie*

Formen

1. Person Singular	il **me** cherche	*er sucht mich*
	il **m'**attend	*er erwartet mich*
2. Person Singular	il **te** cherche	*er sucht dich*
	il **t'**attend	*er erwartet dich*
	il **vous** cherche	*er sucht Sie*
	il **vous** attend	*er erwartet Sie*
3. Person Singular	il **le** cherche	*er sucht ihn*
	il **la** cherche	*er sucht sie*
	il **l'**attend	*er erwartet ihn/sie/es*
1. Person Plural	il **nous** cherche	*er sucht uns*
	il **nous** attend	*er erwartet uns*
2. Person Plural	il **vous** cherche	*er sucht euch/Sie*
	il **vous** attend	*er erwartet euch/Sie*
3. Person Plural	il **les** cherche	*er sucht sie*
	il **les** attend	*er erwartet sie*

Merke: Vor Vokal oder stummem h stehen **m', t', l'** statt me, te, le. (Zum Vergleich siehe die Personalpronomen im Dativ (Lektion 9, Grammatik I.)

2. Der indirekte Fragesatz mit si

Beispiel:
Vous pouvez me dire **si**… *Können Sie mir sagen, **ob**…*
Die Konjunktion **si** leitet eine indirekte Frage ein, z. B.:
Je ne sais pas **s'**il vient ce soir. *Ich weiß nicht, **ob** er heute abend kommt.*

Merke: **S'il** steht statt si il!

II.4. Wortschatz

Allô j'écoute	*alo ʒekut*	*(am Telephon)* ja bitte? *(hier auch)* Sie wünschen?
la place	*la plaß*	Platz, *(hier auch)* Karte
ce soir	*ßö ßoar*	heute abend
réserver	*resärwe*	*(hier)* zurücklegen
par téléphone	*par telefɔn*	telephonisch
passer (à)	*paße a*	vorbeikommen

le bureau de location	*lö büro dö lɔkaßjõ*	Theaterkasse
l'après-midi	*laprämidi*	Nachmittag
à partir de…	*a partir dö*	ab
il reste…?	*il räßt*	gibt es noch…?
ce que	*ßö kö*	was
la place au balcon	*la plaß o balkõ*	Karte für den Balkon
la place d'orchestre	*la plaß dɔrkäßtrö*	Karte für das Parkett
remercier (de)	*römärßje dö*	sich bedanken (für)
le renseignement	*lö räßänjmã*	Auskunft

II.5. Übungen

1. Setzen Sie **le, la, l'** *oder* **les** *ein:*

Muster:
Il cherche la voiture. *Er sucht den Wagen.*
Il **la** cherche. *Er sucht ihn.*

Il réserve les chambres. Il …….. Il envoie le télégramme. Il ……. L'employé ferme la poste à 7 h. Il …….. Tu connais les Dupont? Oui, je …….. C'est madame Dupont qui organise l'exposition. C'est madame Dupont qui …….. Tu comprends le français? Oui, je ……. J'aime les concerts de musique classique. Je ……..

2. Stellen Sie indirekte Fragen mit si:

Muster:
Il est à Paris? Je ne sais pas. *Ist er in Paris? Ich weiß nicht.*
Je ne sais pas **s'**il est à Paris. *Ich weiß nicht, ob er in Paris ist.*

J'ai du courrier? Je ne sais pas. *Habe ich Post? Ich weiß nicht.*
Je ne sais pas **si** j'ai du courrier. *Ich weiß nicht, ob ich Post habe.*

Il aime les tomates? Je ne sais pas ____________________

Il a 30 ans? Je ne sais pas ____________________

Je le connais? Je ne sais pas ____________________

Je pars à Paris mardi. Je ne sais pas ____________________

Je change de train. Je ne sais pas ______________________________

Il attend son ami? Je ne sais pas ______________________________

3. Setzen Sie das Imperfekt ein:

Muster:
Nous attendons les Dupont. - Nous attendi**o**ns les Dupont.

Il reste des places d'orchestre ______________________________

Elle passe au bureau de location ______________________________

Elle regrette son départ ______________________________

Je ne vous remercie jamais ______________________________

Ils vont danser ______________________________

Tu aimes la musique classique ______________________________

4. Übersetzen Sie:

Hast du diese Photoausstellung gesehen? Ja, heute. Können Sie mir sagen, ob es noch Karten für den Balkon gibt? Tut mir leid, es gibt keine mehr. Wir fahren morgen ab. Wir gehen um 9 Uhr ins Kino. Kommst du mit uns? Nein danke, ich habe den Film *(le film)* schon gesehen. Er sucht mich seit zwei Stunden. Ich verstehe Sie gut.

Leçon 13 – Lektion 13

Monsieur Meyer loue une voiture

Herr Meyer mietet einen Wagen

I.1. Combien coûte une voiture de location?

Monsieur Meyer: *M.M.*, un employé: *E.*

E.: Bonjour, Monsieur, vous désirez?

M.M.: Je voudrais me renseigner sur le prix d'une voiture de location.

E.: Qu'est-ce que vous voulez comme voiture?

M.M.: Je veux une voiture qui ne consomme pas beaucoup d'essence. Combien coûte une Renault 5?

E.: Une Renault 5 coûte 80 F par jour plus 0,40 F par kilomètre. Pour une semaine vous avez un forfait de 700 F avec kilométrage illimité.

M.M.: Bon, je me décide pour le forfait, c'est moins cher.

E.: Vous la prenez à partir de quand?

M.M.: À partir de lundi prochain.

I.2. Übersetzung

Was kostet ein Mietwagen?

Herr Meyer: *M.M.*, ein Angestellter: *E.*
E.: Guten Tag, Sie wünschen? - *M.M.:* Ich möchte mich nach dem Preis eines Mietwagens erkundigen. - *E.:* Was möchten Sie für einen Wagen? - *M.M.:* Ich möchte einen Wagen, der nicht viel Benzin verbraucht. Was kostet ein R 5? - *E.:* Ein R 5 kostet 80 F pro Tag zuzüglich 0,40 F pro Kilometer. Für eine Woche 700 F Pauschale bei unbeschränkter Kilometerzahl. - *M.M.:* Gut, ich entscheide mich für die Pauschale. Es ist billiger. - *E.:* Ab wann wollen Sie ihn haben? - *M.M.:* Ab nächsten Montag.

I.3. Grammatik

1. Die reflexiven Verben im Präsens und Imperativ

Beispiel:

Je **me** renseigne.	*Ich erkundige **mich.***

Die reflexiven Verben gehören allen drei Konjugationsarten an (Verben auf **-er, -ir, -re**). Sie haben ein Akkusativobjekt bei sich, das dieselbe Person vertritt wie das Subjekt.

Formen

Bejahte Form

Präsens

je	**me**	renseigne	*ich*	*erkundige*	*mich*
tu	**te**	renseignes	*du*	*erkundigst*	*dich*
il/elle	**se**	renseigne	*er/sie/es*	*erkundigt*	*sich*
nous	**nous**	renseignons	*wir*	*erkundigen*	*uns*
vous	**vous**	renseignez	*ihr*	*erkundigt*	*euch*
ils/elles	**se**	renseignent	*sie*	*erkundigen*	*sich*

Imperativ

renseigne-**toi!**	*erkundige dich!*
renseignez-**vous!**	*erkundigt euch!*

Merke: Beim Imperativ steht **toi** anstelle von te!

Verneinungsform

Präsens

je	**ne me**	renseigne	**pas**	*ich*	*erkundige*	*mich*	*nicht*
tu	**ne te**	renseignes	**pas**	*du*	*erkundigst*	*dich*	*nicht*
il/elle	**ne se**	renseigne	**pas**	*er/sie/es*	*erkundigt*	*sich*	*nicht*
nous	**ne nous**	renseignons	**pas**	*wir*	*erkundigen*	*uns*	*nicht*
vous	**ne vous**	renseignez	**pas**	*ihr*	*erkundigt*	*euch*	*nicht*
ils/elles	**ne se**	renseignent	**pas**	*sie*	*erkundigen*	*sich*	*nicht*

Imperativ

ne te renseigne **pas**!	*erkundige dich nicht!*
ne vous renseignez **pas**!	*erkundigt euch nicht!*

2. Die reflexiven Verben im Perfekt

Alle reflexiven Verben bilden das Perfekt mit **être.** Deshalb muß sich das Partizip Perfekt in Genus und Numerus nach dem Subjekt des Satzes richten. (Zur Bildung des Perfekts *[passé composé]* siehe Lektion 6, Grammatik II.)

Formen

Perfekt

je **me** suis renseigné(e)	*ich habe mich erkundigt*
tu **t'** es renseigné(e)	*du hast dich erkundigt*
il **s'** est renseigné elle **s'** est renseignée	*er/sie/es hat sich erkundigt*
nous **nous** sommes renseigné(e)s	*wir haben uns erkundigt*
vous **vous** êtes renseigné(e)s	*ihr habt euch erkundigt*
ils **se** sont renseignés elles **se** sont renseignées	*sie haben sich erkundigt*

I.4. Wortschatz

louer	*lue*	mieten, vermieten
la voiture de location	*la woatür dö lɔkaßjõ*	Mietwagen
se renseigner sur...	*ßö rãßänje ßür*	sich erkundigen (nach)

le prix	*l*^{ö} *pri*	Preis
consommer	*kõßɔme*	verbrauchen
pas beaucoup	*pa boku*	nicht viel
l'essence *f*	*leßãß*	Benzin
coûter	*kute*	kosten
par jour	*par ʒur*	pro Tag
la semaine	*la ß*^{ö}*män*	Woche
le forfait	*l*^{ö} *fɔrfä*	Pauschale
le kilométrage	*l*^{ö} *kilometraʒ*	Kilometerzahl
illimité	*ilimite*	unbeschränkt
se décider pour	*ß*^{ö} *deßide pur*	sich entscheiden (für)
moins cher	*moã̃ schär*	billiger
à partir de	*a partir d*^{ö}	ab
lundi prochain	*lã̃di prɔschã̃*	nächster Montag

II.1. Monsieur Meyer vient chercher la Renault 5

Monsieur Meyer: *M.M.*, un employé: *E.*

M.M.: Bonjour, Monsieur, je viens chercher la Renault 5 que j'ai réservée chez vous il y a deux jours.

E.: A quel nom s'il vous plaît?

M.M.: Meyer.

E.: Voilà, j'ai préparé le contrat. Si vous voulez bien le lire. Vous me montrez votre permis de conduire S.V.P.

M.M.: Voilà, est-ce que la voiture est assurée tous risques?

E.: Oui, Monsieur, comme toutes nos voitures.

M.M.: Bon, j'ai lu le contrat. Je suis d'accord avec les conditions.

E.: Si vous voulez bien signer là. Voilà les papiers de la voiture. Bonne route!

II.2. Übersetzung

Herr Meyer holt den R 5 ab

Herr Meyer: *M.M.*, ein Angestellter: *E.*

M.M.: Guten Tag. Ich hole den R 5 ab, den ich vor zwei Tagen bei Ihnen bestellt habe. – *E.:* Unter welchem Namen bitte? *M.M.:* Meyer. – *E.:* Hier ist es. Ich habe den Vertrag vorbereitet. Würden Sie ihn bitte durchlesen. Zeigen Sie mir bitte Ihren Führerschein. – *M.M.:* Hier, bitte. Ist der Wagen Vollkasko versichert? – *E.:* Ja, wie alle unsere Mietwagen. – *M.M.:*

Gut, ich habe den Vertrag gelesen. Ich bin mit den Bedingungen einverstanden. – *E.:* Würden Sie bitte hier unterschreiben. Hier haben Sie die Autopapiere. Gute Fahrt!

II.3. Grammatik

1. Die Veränderlichkeit des Partizip Perfekt beim passé composé mit avoir

Beispiel:

Je viens chercher la voiture que j'ai réserv**ée.**	*Ich hole den Wagen ab, den ich bestellt habe.*

Wird das passé composé mit **avoir** gebildet, so bleibt **normalerweise** das Partizip Perfekt **unverändert.** Z. B.:

J'ai réserv**é** la chambre.	*Ich habe das Zimmer bestellt.*

Das Partizip Perfekt beim mit avoir gebildeten passé composé richtet sich jedoch in Genus und Numerus nach seinem Akkusativobjekt, wenn dieses dem Verb vorausgeht.

Das Akkusativobjekt kann dem Verb vorausgehen als:

a) Personalpronomen im Akkusativ (me, te, le, la, nous, vous, les),
b) als Relativpronomen (que),
c) als adjektivisches Interrogativpronomen oder Interrogativadverb + Substantiv.
   Beispiele:

Quelles chambres est-ce que tu as réserv**ées**?	*Welche Zimmer hast du bestellt?*
Combien de chambres est-ce que tu as réserv**ées**?	*Wieviel Zimmer hast du bestellt?*

Übersicht

Passé composé mit avoir gebildet

Partizip Perfekt unverändert

j'ai cherché l'hôtel	*ich habe das Hotel gesucht*
j'ai cherché la voiture	*ich habe den Wagen gesucht*
j'ai cherché les clés	*ich habe die Schlüssel gesucht*
j'ai cherché les Dupont	*ich habe Duponts gesucht*

Partizip Perfekt veränderlich

a) bei vorausgehendem Personalpronomen im Akkusativ
me *f* (m'*f*), te *f* (t'*f*), la (l'*f*), nous, vous, les

Tu as cherché **les clés?**	*Hast du die Schlüssel gesucht?*
Oui, je **les** ai cherch**ées.**	*Ja, ich habe sie gesucht.*

b) bei vorausgehendem Relativpronomen que (wenn es sich auf ein Feminin und/oder einen Plural bezieht.)

C'est **la** voiture qu'il a cherch**ée.**	*Das ist der Wagen, den er gesucht hat.*

c) bei vorausgehenden adjektivischen Interrogativpronomen oder Interrogativadverbien + Substantiv
quelle, quels, quelles, combien + Substantiv

Quelles cigarettes as-tu achet**ées**?	*Welche Zigaretten hast du gekauft?*
Combien de personnes as-tu invit**ées**?	*Wieviel Personen hast du eingeladen?*

2. Das unregelmäßige Verb lire

lire *lesen*

Präsens

je	lis	*ich*	*lese*
tu	lis	*du*	*liest*
il/elle	lit	*er/sie/es*	*liest*
nous	lisons	*wir*	*lesen*
vous	lisez	*ihr*	*lest*
ils/elles	lisent	*sie*	*lesen*

Imperfekt

je lisais	*ich las*
etc.	*usw.*

Perfekt

j'ai lu	*ich habe gelesen*
etc.	*usw.*

II.4. Wortschatz

venir chercher	*w^ö^nir schärsche*	abholen
chez vous	*sche wu*	bei Ihnen
il y a	*ilja*	*(hier)* vor *(zeitlich)*
préparer	*prepare*	vorbereiten
le contrat	*l^ö kõtra*	Vertrag
montrer	*mõtre*	zeigen
le permis de conduire	*l^ö pärmi d^ö kõdüir*	Führerschein
assuré	*aßüre*	versichert
tous risques	*tu risk*	Vollkasko
comme	*kɔm*	als
lire	*lir*	lesen, durchlesen
être d'accord avec…	*ätr^ö dakɔr awäk*	einverstanden sein mit
la condition	*la kõdißjõ*	Bedingung
signer	*ßinje*	unterschreiben
les papiers de la voiture	*le papje d^ö la woatür*	Autopapiere

II.5. Übungen

1. Setzen Sie das Perfekt (passé composé) ein:

Muster:

Elle se renseigne. *Sie erkundigt sich.*

Elle **s'est renseignée.** *Sie hat sich erkundigt.*

Ils se renseignent sur les prix des voitures ____________

Elle se présente à Mme Dupont ____________

Nous nous excusons de notre retard ____________

Elles se débrouillent bien ____________

Elle se décide pour une R 5 ____________

2. Beachten Sie die Veränderlichkeit des Partizip Perfekts:

Muster:

Donnez-moi les cigarettes! *Geben Sie mir die Zigaretten!*

Je **les** ai laiss**ées** dans la voiture	*Ich habe sie im Wagen gelassen.*

Où sont les Dupont? Je les ai .... (invité). Où est la voiture? Je l'ai .... (garé) rue Vauban. Donne-moi les billets! Je les ai .... (laissé) à l'hôtel. Ce sont les touristes allemands que j'ai .... (connu) à Rome. La soupe que vous m'avez .... (apporté) est froide. La voiture que vous avez .... (loué) n'est pas chère. Voilà le contrat que j'ai .... (préparé) pour vous. Quels sont les livres que tu as .... (lu)?

3. Bilden Sie das Perfekt (passé composé) mit être:

Muster:

J'arrive à Paris.	*Ich komme in Paris an.*
Je **suis arrivé** à Paris.	*Ich bin in Paris angekommen.*

Nous arrivons à Paris .... Elle va au cinéma .... Ils vont au cinéma .... Elle arrive à Grenoble à 8 h ....

4. Übersetzen Sie:

Was möchten Sie für ein Auto mieten? Ich möchte einen R 5 mieten. Dieses Auto verbraucht nicht viel Benzin. Ist der Wagen Vollkasko versichert? Nein, er ist nicht Vollkasko versichert. Ich habe den Vertrag gelesen. Ich möchte ihn unterzeichnen. Sie können den Wagen ab Dienstag haben. Gut, wann soll ich ihn abholen? Kommen Sie Dienstag vormittags ab 7 Uhr.

Leçon 14 – Lektion 14

En route avec la Renault 5

Unterwegs mit dem R 5

I.1. À la station-service

Monsieur Meyer: *M.M.,* le pompiste: *P.*

M.M.: Le plein, s'il vous plaît.

P.: Qu'est-ce que vous prenez? Du super ou de l'ordinaire?

M.M.: Je ne sais pas, c'est une voiture de location. Qu'est-ce qu'on prend pour une Renault 5?

P.: Vous pouvez prendre de l'ordinaire.

M.M.: Vous pourriez vérifier le niveau d'huile, S.V.P.

P.: Bien sûr, il manque un litre.

M.M.: Refaites le plein. Vous pourriez contrôler la pression des pneus, S.V.P.

P.: Ça va.

M.M.: Je vous dois combien?

P.: En tout 70 F.

I.2. Übersetzung

An der Tankstelle

Herr Meyer: *M.M.*, der Tankwart: *P.*

M.M.: Volltanken, bitte! - *P.:* Was nehmen Sie? Super oder Normal? - *M.M.:* Ich weiß es nicht. Das ist ein Mietwagen. Was braucht ein R 5? - *P.:* Sie können ihn mit Normalbenzin fahren. - *M.M.:* Würden Sie bitte nach dem Öl schauen? - *P.:* Sicher, es fehlt ein Liter. - *M.M.:* Dann füllen Sie nach. Würden Sie bitte den Reifendruck überprüfen. - *P.:* Er ist in Ordnung. - *M.M.:* Was macht das? - *P.:* Insgesamt 70 F.

I.3. Grammatik

1. Der Fragesatz

a) Die Frage ist nur durch die Betonung erkennbar

Beispiel:

Vous prenez de l'ordinaire?	*Nehmen Sie Normalbenzin?*

b) Die Frage wird mit est-ce que gebildet

Beispiel:

Est-ce que vous prenez de l'ordinaire?	*Nehmen Sie Normalbenzin?*

Diese Frageform ist sehr gebräuchlich. **Est-ce que** steht immer am Anfang des Satzes (sofern das Fragewort fehlt, vgl. S. 132 u. 138). Die Wortstellung entspricht wie bei a) derjenigen des Aussagesatzes.

c) Die Umstellung

Beispiel:

Prenez-vous de l'ordinaire ou du super?	*Nehmen Sie Normalbenzin oder Super?*
Pourriez-vous vérifier le niveau d'huile?	*Können Sie den Ölstand prüfen?*
Est-ce possible?	*Ist das möglich?*
Tes amis **sont-ils** arrivés?	*Sind deine Freunde angekommen?*

Die Umstellung ist einfach, wenn das Subjekt ein Pronomen (z.B. vous, tu, il usw.) oder das Wort ce (= *es/dies*) ist. Sie ist **doppelt,** wenn das Subjekt ein Substantiv ist. In diesem Fall muß das Substantiv hinter dem Verb durch ein Pronomen wiederholt werden.

Beispiel:

La station-service est-elle fermée?	*Ist die Tankstelle geschlossen?*

2. Fragen mit einem Interrogativadverb

Interrogativadverbien sind z.B. **où** *(wo, wohin)*, **quand** *(wann)*, **comment** *(wie)*, **combien** *(wieviel)*, **pourquoi** *(warum)*.

Bei Fragen mit Interrogativadverbien sind in der Regel die drei oben (unter a) bis c)) genannten Satzstellungen möglich.

a) Tu vas où? b) Où est-ce que tu vas? c) Où vas-tu?
Wo gehst du hin?

a) M. Meyer part quand? b) Quand est-ce que M. Meyer part?
c) Quand M. Meyer part-il?
Wann fährt Herr Meyer ab?

I.4. Wortschatz

en route	*ã rut*	unterwegs
la station-service	*la staßjõßärwiß*	Tankstelle
le pompiste	*lö põpißt*	Tankwart
le plein S.V.P.	*lö plã ßil vu plä*	volltanken bitte
le super	*lö ßupär*	Super
l'ordinaire	*lɔrdinär*	Normalbenzin
vérifier	*werifje*	überprüfen, *(auch)* nachschauen
le niveau d'huile	*lö niwo düil*	Ölstand, *(hier)* a. Öl
refaire le plein	*röfär lö plã*	nachfüllen
contrôler	*kõtrole*	überprüfen
la pression des pneus	*la präßjõ de pnö*	Reifendruck
ça va	*ßa wa*	*(hier)* es ist in Ordnung

II.1. Monsieur Meyer vient à l'aide d'un autre automobiliste

Monsieur Meyer: *M.M.*, l'automobiliste: *A.*

M.M.: Bonjour, qu'est-ce qui s'est passé?

A.: J'ai une panne sèche. Est-ce que vous pourriez me dépanner avec un peu d'essence?

M.M.: Un instant, je vais voir s'il me reste de l'essence dans mon jerrycan . . . Non malheureusement.

A.: Vous pouvez m'emmener jusqu'à la prochaine station-service? Le prochain village est à 8 kilomètres.

M.M.: Naturellement, montez!

A.: C'est très gentil de votre part.

II.2. Übersetzung

Herr Meyer hilft einem anderen Autofahrer

Herr Meyer: *M.M.,* der Autofahrer: *A.*

M.M.: Guten Tag, was ist passiert? - *A.:* Mir ist das Benzin ausgegangen. Könnten Sie mir mit etwas Benzin aushelfen? - *M.M.:* Einen Moment, ich schaue nach, ob ich noch Benzin in meinem Reservekanister habe . . . Leider nicht. - *A.:* Können Sie mich mitnehmen bis zur nächsten Tankstelle? Das nächste Dorf ist 8 Kilometer von hier entfernt. - *M.M.:* Selbstverständlich. Steigen Sie ein! - *A.:* Das ist sehr freundlich von Ihnen.

II.3. Grammatik

1. Das Adverb

Das Adverb dient zur näheren Bestimmung des Verbs (on ne trouve pas **facilement** du travail. - *Man findet nicht leicht Arbeit),* des Adjektivs (très gentil - *sehr freundlich)* oder eines anderen Adverbs (assez souvent - *recht oft).*

Im Französischen gibt es **ursprüngliche** und **abgeleitete** Adverbien.

a) Abgeleitete Adverbien (Adverbien auf *-ment*)

Diese Adverbien werden vom Adjektiv abgeleitet. Sie werden gebildet, indem die Endung **-ment** an die feminine Form des Adjektivs angehängt wird. Adjektive auf **-e** (z.B. facile - *leicht)* weisen keinen Unterschied zwischen der maskulinen und der femininen Form auf.

Adjektiv		**Adverb**
maskuline Form	**feminine Form**	
sûr	sûre	sûrement *(sicherlich, sicher)*

naturel	naturelle	naturellement *(natürlich, selbstverständlich)*
malheureux	malheureuse	malheureusement *(leider)*
complet	complète	complètement *(völlig)*
facile	facile	facilement *(leicht)*
difficile	difficile	difficilement *(schwer)*

b) Ursprüngliche Adverbien

bien	*gut*	souvent	*oft*
encore	*noch*	jamais	*nie*
vite	*schnell*	tard	*spät*
peu	*wenig*	tôt	*früh*
mal	*schlecht*	toujours	*immer*
beaucoup	*viel*	trop	*zuviel*

2. Il reste

Beispiel:

Il reste deux litres d'essence. *Es sind zwei Liter Benzin übrig.*

Il reste ist ein unpersönlicher verbaler Ausdruck.

II.4. Wortschatz

venir à l'aide de	*wönir a läd dö*	helfen
l'automobiliste *m+f*	*lotɔmɔbilißt*	Autofahrer(in)
se passer	*ßö paße*	passieren
j'ai une panne sèche	*ʒe ün pan ßäsch*	mir ist das Benzin ausgegangen
dépanner	*depane*	aushelfen (mit)
l'essence *f*	*leßãß*	Benzin
un instant	*ãn‿ãßtã*	einen Moment
aller voir	*ale woar*	*(hier)* nachschauen
le jerrycan	*lö ʒerikan*	Reservekanister
malheureusement	*malörösmã*	leider
emmener	*ãmne*	mitnehmen
le village	*lö wilaʒ*	Dorf
naturellement	*natürälmã*	selbstverständlich
monter	*mõte*	*(hier)* einsteigen
gentil	*ʒãti*	*(hier)* freundlich
. . . de votre part	*dö wɔtrö par*	von Ihnen

II.5. Übungen

1. Bilden Sie Fragesätze mittels Umstellung:
Muster:

Vous signez le contrat.	*Sie unterschreiben den Vertrag.*
Signez-vous le contrat?	*Unterschreiben Sie den Vertrag?*

Vous lisez ce livre ____________________

Vous louez une Renault 5 ____________________

Vous prenez le train mardi prochain ____________________

Vous emmenez l'automobiliste jusqu'au prochain village ______

Vous avez encore de l'essence ____________________

2. Bilden Sie Fragesätze mit den Frageadverbien **(où, quand, pourquoi, comment usw.)**, *die jeweils zu den fettgedruckten Satzteilen passen:*
Muster:

Il part **à 8 heures.**	*Er fährt um 8 Uhr ab.*
Quand est-ce qu'il part?	*Wann fährt er ab?*

Elle finit de travailler **à 6 heures** ____________________

Nous allons à Paris **en voiture** ____________________

Nous changeons de train **à Lyon** ____________________

Je préfère les R 5, elles consomment peu d'essence ________

Il a réservé une chambre **par téléphone**

Vous avez vu l'exposition **au Louvre** ____________________

Les Meyer arrivent **mardi prochain** ____________________

Il ne reste plus de couchettes, **je prends un wagon-lit** ______

3. Setzen Sie mit Hilfe der in Lektion 14, Grammatik II angegebenen Tabellen die passenden Adverbien ein:

Muster:

Tu vas .... à Paris?	*Fährst du .... nach Paris?*
Oui, toutes les semaines.	*Ja, jede Woche.*

Zu ergänzendes Adverb = **souvent:**

Tu vas **souvent** à Paris?	*Fährst du oft nach Paris?*

Il vous reste de l'essence? Non .... je n'en ai plus. Nous sommes arrivés .... à 23 heures. Vous pouvez m'aider à monter mes valises? Mais .... On trouve .... du travail, j'ai cherché 6 mois. Vous fumez 20 cigarettes par jour, c'est ....

4. Übersetzen Sie:

Mir ist das Benzin ausgegangen. Wo ist die nächste Tankstelle? Volltanken bitte! Würden Sie bitte nach dem Öl schauen? Ich möchte einen Reservekanister kaufen. Können Sie mich mitnehmen, ich habe eine Panne (= ma voiture est en panne). Selbstverständlich, steigen Sie ein! Vielen Dank, das ist sehr freundlich von Ihnen.

Leçon 15 – Lektion 15

Accident de voiture

Autounfall

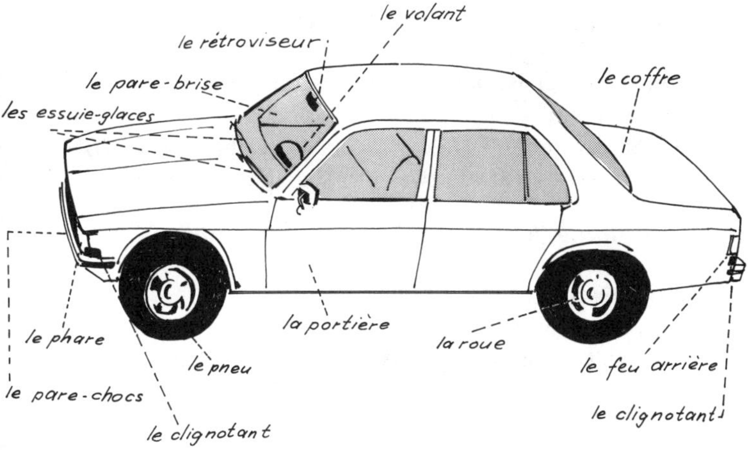

I.1. Récit de l'accident

Monsieur Meyer: *M.M.,* un agent de police: *A.*

A.: Qu'est-ce qui s'est passé?

M.M.: J'étais au carrefour. Le feu était au vert quand l'autre voiture est arrivée à toute vitesse de la gauche et m'est rentrée dedans.

A.: Où est l'autre conducteur?

M.M.: À l'hôpital.

A.: Il est grièvement blessé?

M.M.: Oui, il roulait sans ceinture de sécurité.

A.: Qui avait la priorité?

M.M.: C'est moi qui avais la priorité.

A.: Vous faisiez du combien?

M.M.: Je faisais du 40.

A.: Vous avez des témoins?

M.M.: Oui deux, voilà leurs adresses.

I.2. Übersetzung

Unfallbeschreibung

Herr Meyer: *M.M.*, ein Polizist: *A.*

A.: Was ist passiert? – *M.M.:* Ich stand an der Kreuzung. Die Ampel war grün, als der andere Wagen mit hoher Geschwindigkeit von links kam und mir reinfuhr. – *A.:* Wo ist der andere Fahrer? – *M.M.:* Im Krankenhaus. – *A.:* Ist er schwer verletzt? – *M.M.:* Ja, er ist ohne Sicherheitsgurt gefahren. – *A.:* Wer hatte Vorfahrt? – *M.M.:* Ich hatte Vorfahrt. – *A.:* Wie schnell sind Sie gefahren? – *M.M.:* Ich bin 40 gefahren. – *A.:* Haben Sie Zeugen? – *M.M.:* Ja zwei, hier sind ihre Anschriften.

I.3 Grammatik

1. Das Imperfekt von avoir und être

Avoir bildet das Imperfekt regelmäßig (zur Bildung des Imperfekts vgl. Lektion 11, Grammatik I), être unregelmäßig.

Formen

avoir *haben*

Imperfekt

j'	avais	*ich*	*hatte*
tu	avais	*du*	*hattest*
il/elle	avait	*er/sie/es*	*hatte*
nous	avions	*wir*	*hatten*
vous	aviez	*ihr*	*hattet*
ils/elles	avaient	*sie*	*hatten*

être *sein*

Imperfekt

j'	étais	*ich*	*war*
tu	étais	*du*	*warst*
il/elle	était	*er/sie/es*	*war*
nous	étions	*wir*	*waren*
vous	étiez	*ihr*	*wart*
ils/elles	étaient	*sie*	*waren*

2. Unterschiedlicher Gebrauch von Perfekt (passé composé) und Imperfekt (imparfait)

Mit dem **imparfait** werden Handlungen und Ereignisse ausgedrückt, die sich in der Vergangenheit unbestimmt oft wiederholten oder unbestimmt lange andauerten. Das **passé composé** dient zur Beschreibung von Vorgängen von begrenzter Dauer.

quand + imparfait
quand il roulait en ville, il faisait toujours du 50 km.
Wenn er in der Stadt fuhr, fuhr er immer 50 km.

quand + passé composé
Le feu était au vert **quand** l'autre voiture m'**est rentrée** dedans.
Die Ampel war grün, ***als*** *der andere Wagen mir reinfuhr.*

Vergleichen Sie:

Chez Lemercier je **travaillais** beaucoup.	*Bei Lemercier arbeitete ich viel.*
Aujourd'hui j'**ai** beaucoup **travaillé.**	*Heute habe ich viel gearbeitet.*
Il **téléphonait** toujours à 8 heures.	*Er rief immer um 8 Uhr an.*
Il **a téléphoné** trois fois.	*Er hat dreimal angerufen.*

I.4. Wortschatz

l'accident de voiture	*lakßidã dö woatür*	Autounfall
le récit	*lö reßi*	Beschreibung
le carrefour	*lö karfur*	Kreuzung
le feu	*lö fö*	Ampel
le feu était au vert	*lö fö etä o wär*	die Ampel war grün
à toute vitesse	*a tut witäß*	mit hoher Geschwindigkeit
de la gauche	*dö la gosch*	von links
rentrer dans ...	*rãtre dã*	anfahren, reinfahren
le conducteur	*lö kõdüktɔ̈r*	Fahrer
l'hôpital *m*	*lɔpital*	Krankenhaus
blessé	*bleße*	verletzt
grièvement blessé	*griäwmã bleße*	schwer verletzt
la priorité	*la prijɔrite*	Vorfahrt
faire du ... *(+Zahl)*	*fär dü*	... *(km/st)* fahren
le témoin	*lö temoã*	Zeuge

l'adresse *f*	*ladräß*	Anschrift
la ceinture de sécurité	*la ßãtür dö ßekürite*	Sicherheitsgurt

II.1. Au garage

Monsieur Meyer: *M.M.*, le garagiste: *G.*

M.M.: J'ai eu un accident. Vous pouvez réparer ma voiture?

G.: En ce moment j'ai beaucoup de travail. Vous êtes pressé?

M.M.: Oui, vous pouvez me faire les réparations les plus urgentes?

G.: D'accord, qu'est-ce qui ne marche pas?

M.M.: La portière arrière gauche est enfoncée, le pot d'échappement est abîmé.

G.: Bon, je vais décabosser la portière et souder le pot d'échappement.

M.M.: Quand est-ce que je peux passer chercher ma voiture?

G.: Demain vers midi.

M.M.: Bon, alors à demain.

II.2. Übersetzung

In der Reparaturwerkstatt

Herr Meyer: *M.M.*, der Besitzer der Reparaturwerkstatt: *G.*

M.M.: Ich hatte einen Unfall. Können Sie mein Auto reparieren? – *G.:* Zur Zeit habe ich viel zu tun. Haben Sie es eilig? – *M.M.:* Ja, können Sie mir die notwendigsten Reparaturen machen? – *G.:* Also gut, was ist kaputt? – *M.M.:* Die linke Hintertür ist eingedrückt, der Auspuff ist beschädigt. – *G.:* Gut, ich werde die Tür ausbeulen und den Auspuff anschweißen. – *M.M.:* Wann kann ich mein Auto abholen? – *G.:* Morgen, gegen Mittag. – *M.M.:* Gut, dann bis morgen!

II.3. Grammatik

Le futur proche (das „nahe“ Futur)

Beispiel:

Je vais décabosser la portière.	*Ich werde die Tür (sogleich) ausbeulen.*

Das *futur proche* wird aus dem Präsens von aller *(gehen)* und dem Infinitiv eines Verbs gebildet. Das *futur proche* drückt eine unmittelbare Zukunft oder eine Absicht aus.

Formen des futur proche

Bildung: aller *(gehen)* + Infinitiv

je	vais	téléphoner	*ich*	*werde anrufen*
tu	vas	téléphoner	*du*	*wirst anrufen*
il/elle	va	téléphoner	*er/sie/es*	*wird anrufen*
nous	allons	téléphoner	*wir*	*werden anrufen*
vous	allez	téléphoner	*ihr*	*werdet anrufen*
ils/elles	vont	téléphoner	*sie*	*werden anrufen*

Die Verneinungsformen **ne . . . pas** *(nicht)*, **ne . . . plus** *(nicht mehr)* usw. umschließen aller.
Z.B.:

je **ne** vais **pas** téléphoner	*ich werde nicht anrufen*
etc.	*usw.*
il **ne** va **pas** réparer la voiture	*er wird den Wagen nicht reparieren*
etc.	*usw.*

II.4. Wortschatz

le garage	*l*^{ö} *garaʒ*	Reparaturwerkstatt
réparer	*repare*	reparieren
en ce moment	*ã ß*^{ö} *mɔmã*	zur Zeit
être pressé	*ätr*^{ö} *prese*	es eilig haben
la réparation	*la reparaßjõ*	Reparatur
urgent	*ürʒã*	*(hier)* notwendig
ne pas marcher	*n*^{ö} *pa marsche*	defekt sein
la portière	*la pɔrtjär*	Autotür
la portière arrière	*la pɔrtjär arjär*	Hintertür
enfoncé	*ãfõße*	eingedrückt
le pot d'échappement	*l*^{ö} *po deschapmã*	Auspuff
abîmé	*abime*	beschädigt
décabosser	*dekabɔße*	ausbeulen
souder	*ßude*	anschweißen
passer chercher	*paße schärsche*	abholen
à demain	*a d*^{ö}*mã*	bis morgen

II.5. Übungen

1. Prägen Sie sich die französischen Bezeichnungen für die einzelnen Autoteile ein (s. S. 143).

2. Setzen Sie das Imperfekt ein:

Nous (être) .... à Paris. Je (faire) .... du 40. Je (avoir) .... une Renault 5. Le conducteur (chercher) .... la rue des Archives. Vous (aller) .... souvent au cinéma. Ils (être) .... allemands. Tu (être) .... en route avec les Meyer.

3. Setzen Sie das futur proche ein:

Muster:

Je téléphone.	*Ich rufe an.*
Je **vais téléphoner.**	*Ich werde anrufen.*

Il fait du sport ______________	Elle invite des amis ________
Tu pars à Paris demain ______	Ils roulent à 50 ____________
Vous avez un accident ______	Je ne fume plus ___________

4. Entscheiden Sie, ob in den nachfolgenden Sätzen das Imperfekt oder das Perfekt eingesetzt werden muß:

Muster:

Quand l'accident (arriver), il avait la priorité.

Quand l'accident **est arrivé,** il **avait** la priorité.

Quand il (téléphoner) .... le garagiste n'était pas là. Quand tu (ne pas fumer) .... tu étais sportif. Quand la R 5 (rentrer) .... dans l'autre voiture, elle faisait du 100. Quand tu (habiter) .... à Lyon, tu allais souvent à Grenoble.

5. Übersetzen Sie:

Der andere Fahrer war schwer verletzt. Er hatte Vorfahrt. Er fuhr ohne Sicherheitsgurt. Als die Ampel grün war, stand er an der Kreuzung. Als der Unfall passierte *(arriver),* waren vier Personen in dem Wagen. Das Krankenhaus war nicht weit. Der Inhaber der Reparaturwerkstatt war nicht da, als ich anrief. Er hat mein Auto repariert, ich brauche nicht mit dem Zug zurückzufahren. Die rechte Tür war beschädigt. Ich bin Vollkasko versichert.

Leçon 16 – Lektion 16

Monsieur et Madame Meyer veulent faire du vélo

Herr und Frau Meyer wollen radfahren

I.1. Monsieur Meyer en a assez de conduire

Monsieur Meyer: *M. M.*, Madame Meyer: *Mme M.*

M. M.: Il y a encore un monde fou sur les routes aujourd'hui! J'en ai assez de conduire! Tu ne veux pas me relayer?

Mme M.: Non, hier j'ai conduit toute la journée.

M. M.: Je crois qu'il faut trouver une autre solution. Finalement nous ne voulons pas passer toutes nos vacances à faire de la voiture. Qu'est-ce que tu en penses?

Mme M.: Je suis d'accord; il fait trop chaud pour rouler toute la journée. Si on louait des vélos?

M. M.: Pourquoi pas? Il y a 5 ans j'avais déjà loué une bicyclette en Hollande. C'était très agréable!

Mme M.: Alors on s'arrête au prochain village et on essaie de trouver un magasin de cycles qui loue des vélos.

I.2. Übersetzung

Herr Meyer hat das Autofahren satt

Herr Meyer: *M.M.,* Frau Meyer: *Mme M.*

M.M.: Heute sind schon wieder so viele Leute unterwegs! Ich habe es satt, Auto zu fahren! Willst du mich nicht ablösen? - *Mme M.:* Nein, ich bin gestern den ganzen Tag gefahren. - *M.M.:* Ich glaube, wir müssen eine andere Lösung finden. Schließlich wollen wir nicht unseren ganzen Urlaub damit verbringen, Auto zu fahren. Was meinst du dazu? - *Mme M.:* Ich bin einverstanden; es ist auch zu heiß, um den ganzen Tag zu fahren. Sollen wir Fahrräder leihen? - *M.M.:* Warum nicht? Schon vor 5 Jahren hatte ich in Holland für eine Woche ein Rad geliehen. Das war sehr angenehm. - *Mme M.:* Dann halten wir im nächsten Dorf an und versuchen, eine Fahrradhandlung zu finden, die Räder vermietet.

I.3. Grammatik

Das Plusquamperfekt (le plus-que-parfait)

a) Bildung und Formen

Beispiel:

J'avais loué un vélo. *Ich hatte ein Fahrrad gemietet.*

Man bildet das Plusquamperfekt mit dem Imperfekt der Hilfsverben avoir oder être und dem Partizip Perfekt des zu konjugierenden Verbs.

Die reflexiven Verben bilden das Plusquamperfekt immer mit être (zur Wiederholung: Vgl. die reflexiven Verben, Lektion 13, Grammatik I).

louer *mieten, vermieten*

Plusquamperfekt

j'	avais	loué	*ich*	*hatte*	*gemietet*
tu	avais	loué	*du*	*hattest*	*gemietet*
il/elle	avait	loué	*er/sie/es*	*hatte*	*gemietet*
nous	avions	loué	*wir*	*hatten*	*gemietet*
vous	aviez	loué	*ihr*	*hattet*	*gemietet*
ils/elles	avaient	loué	*sie*	*hatten*	*gemietet*

arriver *ankommen*

Plusquamperfekt

j'	étais	arrivé(e)	*ich*	*war*	*angekommen*
tu	étais	arrivé(e)	*du*	*warst*	*angekommen*
il/elle	était	arrivé(e)	*er/sie/es*	*war*	*angekommen*
nous	étions	arrivé(e)s	*wir*	*waren*	*angekommen*
vous	étiez	arrivé(e)s	*ihr*	*wart*	*angekommen*
ils/elles	étaient	arrivé(e)s	*sie*	*waren*	*angekommen*

finir *beenden*

Plusquamperfekt

j'avais fini	*ich hatte beendet*
etc.	*usw.*

attendre *warten*

Plusquamperfekt

j'avais attendu	*ich hatte gewartet*
etc.	*usw.*

avoir *haben*

Plusquamperfekt

j'	avais	eu	*ich*	*hatte*	*gehabt*
tu	avais	eu	*du*	*hattest*	*gehabt*
il/elle	avait	eu	*er/sie/es*	*hatte*	*gehabt*
nous	avions	eu	*ihr*	*hattet*	*gehabt*
vous	aviez	eu	*ihr*	*hattet*	*gehabt*
ils/elles	avaient	eu	*sie*	*hatten*	*gehabt*

être *sein*

Plusquamperfekt

j'	avais	été	*ich*	*war*	*gewesen*
tu	avais	été	*du*	*warst*	*gewesen*
il/elle	avait	été	*er/sie/es*	*war*	*gewesen*
nous	avions	été	*wir*	*waren*	*gewesen*
vous	aviez	été	*ihr*	*wart*	*gewesen*
ils/elles	avaient	été	*sie*	*waren*	*gewesen*

b) Gebrauch

Das Plusquamperfekt dient zur Wiedergabe eines Geschehens, das zeitlich vor einem anderen vergangenen Geschehen liegt.
Beispiel:
Quand il a téléphoné j'étais déjà partie.
Als er anrief, war ich schon weggegangen.

J'avais perdu mes clés avant mon arrivée à Paris.
Vor meiner Ankunft in Paris hatte ich meine Schlüssel verloren.

Außerdem wird das Plusquamperfekt in bestimmten Höflichkeitsformeln benützt.
Beispiel:

J'avais pensé vous inviter à Noël.	*Ich würde Sie gern zu Weihnachten einladen.*

I.4. Wortschatz

le vélo	*lö welo*	Fahrrad
faire du vélo	*fär dü welo*	radfahren
j'en ai assez de ...	*ʒãn‿e aße dö*	ich habe es satt zu ...
il y a un monde fou	*ilja ã̃ mõd fu*	es gibt so viele Leute
sur les routes	*ßür le rut*	*(hier)* unterwegs
conduire	*kõdüir*	Auto fahren
relayer	*röläje*	ablösen
la solution	*la ßɔlüßjõ*	Lösung
finalement	*finalmã*	im Endeffekt, schließlich
passer	*paße*	*(hier)* verbringen
il fait chaud	*il fä scho*	es ist heiß
il y a 5 ans	*ilja ßã̃k ã*	vor 5 Jahren
la bicyclette	*la bißiklät*	Fahrrad
la Hollande	*la ɔlãd*	Holland
s'arrêter	*ßaräte*	(an)halten
au prochain village	*o prɔschã̃ wilaʒ*	im nächsten Dorf
le magasin de cycles	*lö magasã̃ dö ßiklö*	Fahrradhandlung

II.1. Monsieur et Madame Meyer louent des vélos

Monsieur Meyer: *M.M.*, Madame Meyer: *Mme M.*,
le marchand: *M.*

Mme M.: Voilà un grand magasin. Si on entrait pour demander?
M.M.: Allons-y!

	Bonjour Monsieur, est-ce que vous avez des vélos à louer?
M.:	Oui, qu'est-ce que vous voulez comme vélo? Un vélo de course? Un vélo d'homme? Un vélo de femme?
Mme M.:	Un vélo d'homme et un vélo de femme, les deux avec dérailleur.
M.:	Bon, venez les choisir avec moi. Vous les voulez pour combien de temps?
M. M.:	Pour une semaine.
M.:	Alors, ça fait 50 F par personne plus une caution de 100 F.
M. M.:	Vous pouvez nous indiquer des itinéraires?
M.:	Bien sûr, je vous prête cette brochure sur la région de Draguignan; tout y est indiqué.

II.2. Übersetzung

Herr und Frau Meyer mieten Fahrräder

Herr Meyer: *M. M.*, Frau Meyer: *Mme M.*, der Händler: *M.*

Mme M.: Hier ist ein großer Laden. Sollen wir hineingehen und fragen? – *M. M.:* Ja, machen wir.

Guten Tag, vermieten Sie Fahrräder? – *M.:* Ja, was wollen Sie für ein Fahrrad? Ein Rennrad, ein Herrenrad, ein Damenrad? – *M. M.:* Ein Herrenrad und ein Damenrad, beide mit Gangschaltung. – *M.:* Gut, kommen Sie mit zum Aussuchen. Für wie lange wollen Sie sie haben? – *M. M.:* Eine Woche lang. – *M.:* Dann kostet es 50 F pro Person und 100 F Kaution. – *M. M.:* Können Sie uns Fahrradwanderwege angeben? *M.:* Sicher, ich leihe Ihnen dieses Heft über die Gegend von Draguignan aus. Es steht alles drin.

II.3. Grammatik

1. Si im Hauptsatz mit Imperfekt

Beispiel:

Si on **louait** des vélos? *Sollen wir Fahrräder mieten?*

Der Hauptsatz mit **si** und **Imperfekt** enthält einen höflichen Vorschlag oder eine höfliche Aufforderung. Dies wird im Deutschen durch einen Satz mit *sollen* ausgedrückt.

2. Andere Bedeutungen von si

a) si = ob

Si in der Bedeutung *ob* dient zur Konstruktion eines indirekten Fragesatzes.

Indirekte Fragestellung

Je ne sais pas s'il est arrivé.
Ich weiß nicht, ob er angekommen ist.

Je ne sais pas si le patron est là.
Ich weiß nicht, ob der Chef da ist.

Il m'a demandé si je voulais venir.
Er hat mich gefragt, ob ich kommen wollte.

Direkte Fragestellung

Est-ce qu'il est arrivé?
Il est arrivé? } *Ist er angekommen?*

Est-ce qu'il est là?
Il est là? } *Ist er da?*

Est-ce que tu veux venir?
Tu veux venir? } *Willst du kommen?*

b) si = doch

Beispiel:

Vous ne venez pas avec nous? *Kommen Sie nicht mit uns?*
Si, plus tard. *Doch, später.*

Si wird gebraucht, wenn auf eine verneinte Frage eine bejahende Antwort folgt.

c) si = wenn

Si zur Bezeichnung eines Konditionalsatzes (siehe Lektion 19, Grammatik I).

II.4. Wortschatz

allons-y!	*alõsi*	*(hier)* machen wir!
le vélo de course	*lö welo dö kurß*	Rennrad
le vélo d'homme	*lö welo dɔm*	Herrenrad
le vélo de femme	*lö welo dö fam*	Damenrad
le dérailleur	*lö derajɔ̈r*	Gangschaltung
la caution	*la koßjõ*	Kaution
l'itinéraire *m*	*litinerär*	Fahrstrecke *(hier)* Fahrradwanderweg, *(auch)* Fahr(rad)strecke
prêter	*präte*	(aus)leihen
la brochure	*la brɔschür*	Heft
la région	*la reʒjõ*	Gegend
tout y est indiqué	*tut‿i ä ã̃dike*	es steht alles drin

II.5. Übungen

1. Bilden Sie das Plusquamperfekt:

Muster:

J'ai loué un bungalow *(Perfekt).*	*Ich habe einen Bungalow gemietet.*
J'**avais loué** un bungalow *(Plusquamperfekt).*	*Ich hatte einen Bungalow gemietet.*

Il a réparé la voiture. Il .... la voiture. Le conducteur n'a pas vu le feu rouge. Le conducteur .... le feu rouge. Tu as signé le contrat. Tu .... le contrat. Je me suis décidé pour une 2 CV. Je .... pour une 2 CV. Elle s'est renseignée sur le prix d'une voiture. Elle .... sur le prix d'une voiture. Nous sommes arrivés à 8 heures. Nous .... à 8 heures. J'ai eu une panne sèche. Je .... une panne sèche. Il a été blessé. Il .... blessé. Il n'a pas invité Paul. Il .... Paul.

2. Ergänzen Sie die nachfolgenden Sätze durch die jeweilige Form des Plusquamperfekts:

Quand je suis arrivé tu .... (partir). Quand nous avons fini de manger il .... (arriver). Quand elle est arrivée en France elle .... (ne jamais parler) français. Quand vous avez fait le plein vous .... (ne pas vérifier) le niveau d'huile.

3. Bilden Sie nach folgendem Muster indirekte Fragesätze mit si:

Il lui a demandé: «Vous aimez le cinéma?»	*Er fragte ihn: „Lieben Sie Kino?“*
Il lui a demandé s'il aimait le cinéma.	*Er fragte ihn, ob er Kino lieben würde.*

Il lui a demandé: «Vous faites du ski?»
Il lui a demandé: «Vous louez des vélos?»
Il lui a demandé: «Vous êtes blessé?»
Il lui a demandé: «Vous avez des enfants?»
Il lui a demandé: «Vous allez au cinéma?»

4. Beantworten Sie die Fragen mit ***oui, non*** *oder* ***si:***
Vous parlez français? ...., je parle français.
Vous avez des enfants? ...., je n'en ai pas.
Vous n'aimez pas conduire? ...., mais pas en ville.
Vous avez une VW? ...., j'ai une Renault.
Vous n'aimez pas ce vin? ...., mais je n'en veux plus.

5. Übersetzen Sie:
Sollen wir Fahrräder mieten? Ja, ich möchte ein Damenrad mit Gangschaltung und du? Ich möchte ein Rennrad. Was kosten die Fahrräder für eine Woche? 50 F pro Person. Als du angerufen hast, war ich schon weggegangen. Ich hatte einen Wagen für drei Tage gemietet.

Leçon 17 – Lektion 17

Deux itinéraires à partir de Draguignan

Zwei Fahrradwanderwege ab Draguignan

I.1. Premier itinéraire

Monsieur Meyer: *M. M.*, Madame Meyer: *Mme M.*

M. M.: Quel est notre itinéraire aujourd'hui?

Mme M.: Nous partons de Draguignan, nous sortons de la ville par la N 555. Au dolmen de la Pierre aux Fées nous prenons la D 49 jusqu'à la Clape, après de nouveau la N 555. Nous passons à Rebouillon, puis par les gorges de Château-Double jusqu'à Montferrat. Après nous continuons jusqu'à Camps-sur-Artusy où nous visiterons une distillerie de lavande. Ça fait 32 km en tout. Je crois que pour la première journée c'est suffisant. Après-demain nous continuerons jusqu'à la Bastide.

I.2. Übersetzung

Erste Fahrstrecke

Herr Meyer: *M.M.,* Frau Meyer: *Mme M.*

M.M.: Welche Strecke fahren wir heute? – *Mme M.:* Wir starten in Draguignan. Wir verlassen die Stadt über die Nationalstraße 555 *(N = (la route) Nationale).* Bei dem Dolmen de la Pierre aux Fées nehmen wir die Landstraße 49 *(D = (la route) Départementale)* bis la Clape, dann wieder die N 555. Wir fahren über Rebouillon, dann durch die Schlucht von Château-Double bis Montferrat. Danach fahren wir weiter bis Camps-sur-Artusy, wo wir eine Lavendelparfümfabrik besichtigen werden. Das sind insgesamt 32 km. Ich glaube, daß das für den ersten Tag reicht. Übermorgen werden wir bis la Bastide fahren.

I.3. Grammatik

Das einfache Futur (le futur simple)
a) Formen bei regelmäßigen Verben

Futur der Verben auf -er

visiter *besuchen, besichtigen*

je	visiterai	*ich*	*werde*	*besichtigen*
tu	visiteras	*du*	*wirst*	*besichtigen*
il/elle	visitera	*er/sie/es*	*wird*	*besichtigen*
nous	visiterons	*wir*	*werden*	*besichtigen*
vous	visiterez	*ihr*	*werdet*	*besichtigen*
ils/elles	visiteront	*sie*	*werden*	*besichtigen*

Futur der Verben auf -ir

finir *beenden*

je	finirai	*ich*	*werde*	*beenden*
tu	finiras	*du*	*wirst*	*beenden*
il/elle	finira	*er/sie/es*	*wird*	*beenden*
nous	finirons	*wir*	*werden*	*beenden*
vous	finirez	*ihr*	*werdet*	*beenden*
ils/elles	finiront	*sie*	*werden*	*beenden*

Futur der Verben auf -re

attendre *warten*

j'	attendrai	*ich*	*werde*	*warten*
tu	attendras	*du*	*wirst*	*warten*
il/elle	attendra	*er/sie/es*	*wird*	*warten*
nous	attendrons	*wir*	*werden*	*warten*
vous	attendrez	*ihr*	*werdet*	*warten*
ils/elles	attendront	*sie*	*werden*	*warten*

Bildung des Futurs: Bei den Verben auf **-er** und **-ir** werden die Endungen **-ai, -as, -a, -ons, -ez, -ont** an den Infinitiv angehängt. Die Verben auf **-re** bilden das Futur auf die gleiche Art, lediglich entfällt hier das Endungs-**e** des Infinitivs.

b) Formen bei unregelmäßigen Verben

Futur von être *sein*

je	serai	*ich*	*werde*	*sein*
tu	seras	*du*	*wirst*	*sein*
il/elle	sera	*er/sie/es*	*wird*	*sein*
nous	serons	*wir*	*werden*	*sein*
vous	serez	*ihr*	*werdet*	*sein*
ils/elles	seront	*sie*	*werden*	*sein*

Futur von avoir *haben*

j'	aurai	*ich*	*werde*	*haben*
tu	auras	*du*	*wirst*	*haben*
il/elle	aura	*er/sie/es*	*wird*	*haben*
nous	aurons	*wir*	*werden*	*haben*
vous	aurez	*ihr*	*werdet*	*haben*
ils/elles	auront	*sie*	*werden*	*haben*

Futur von aller *gehen*

j'	irai	*ich*	*werde*	*gehen*
tu	iras	*du*	*wirst*	*gehen*
il/elle	ira	*er/sie/es*	*wird*	*gehen*
nous	irons	*wir*	*werden*	*gehen*

vous	irez	*ihr*	*werdet*	*gehen*
ils/elles	iront	*sie*	*werden*	*gehen*

Futur von faire *machen*

je	ferai	*ich*	*werde*	*machen*
tu	feras	*du*	*wirst*	*machen*
il/elle	fera	*er/sie/es*	*wird*	*machen*
nous	ferons	*wir*	*werden*	*machen*
vous	ferez	*ihr*	*werdet*	*machen*
ils/elles	feront	*sie*	*werden*	*machen*

Futur von venir *kommen*

je	viendrai	*ich*	*werde*	*kommen*
tu	viendras	*du*	*wirst*	*kommen*
il/elle	viendra	*er/sie/es*	*wird*	*kommen*
nous	viendrons	*wir*	*werden*	*kommen*
vous	viendrez	*ihr*	*werdet*	*kommen*
ils/elles	viendront	*sie*	*werden*	*kommen*

I.4. Wortschatz

partir (de)	*partir (d°)*	starten (von)
sortir (de)	*sɔrtir (d°)*	herauskommen (aus); verlassen
la route nationale (*Abkürzung* N)	*la rut naßjɔnal*	Nationalstraße *(entspricht unserer Bundesstraße)*
le dolmen	*l° dɔlmän*	Dolmen
la route départementale (*Abkürzung* D)	*la rut depart°mãtal*	Landstraße
après	*aprä*	danach
de nouveau	*d° nuwo*	wieder
passer par . . .	*paße par*	über . . . fahren
les gorges *f/pl.*	*le gɔrʒ*	Schlucht
visiter	*visite*	besichtigen
la distillerie	*la dißtilri*	Parfümfabrik
la lavande	*la lawãd*	Lavendel
croire	*kroar*	glauben
c'est suffisant	*ßä ßüfisã*	es reicht
après-demain	*aprädömã*	übermorgen

II.1. Deuxième itinéraire

Monsieur Meyer: *M.M.*

M.M.: Aujourd'hui, nous allons faire un peu de montagne. Nous partons de Camps-sur-Artusy, nous prenons la D 21 à travers la forêt jusqu'à la Bastide. Là, on prend la D 25 jusqu'à Saint-Romain. Là, nous visiterons la chapelle romane. Nous continuons à monter jusqu'au col de Belhomme où nous ferons une longue halte. Ensuite la route descend jusqu'à Bargemont. Ça fait en tout une quarantaine de km. A Bargemont nous pouvons aller déguster un bon vin rosé à la cave coopérative. Demain il nous reste 25 km pour rentrer à Draguignan.

II.2. Übersetzung

Zweite Fahrstrecke

Herr Meyer: *M.M.*

M.M.: Heute werden wir ein bißchen in die Berge fahren. Wir starten in Camps-sur-Artusy, wir fahren die Landstraße D 21 durch den Wald bis la Bastide. Dort nehmen wir die Landstraße 25 bis Saint-Romain. Dort werden wir die romanische Kapelle besichtigen. Wir fahren weiter bergauf bis zum Paß Col de Belhomme, wo wir eine lange Pause machen werden. Dann geht die Straße bergab bis Bargemont. Insgesamt sind es ungefähr 40 km. In Bargemont können wir einen guten Rosé bei der Winzergenossenschaft probieren. Morgen haben wir noch 25 km vor uns, um nach Draguignan zurückzufahren.

II.3. Grammatik

1. Wiederholung: das „nahe" Futur (le futur proche)

futur proche das „nahe" Futur	aller + Grundform	il va visiter le château
futur simple (einfaches Futur)		il visitera

(Das nahe Futur wurde in Lektion 15, Grammatik II behandelt.)

2. Vergleich zwischen beiden Futurformen

Es gibt im Französischen zwei Futurformen. Sie können eine gleichwertige Bedeutung haben, wenn sie rein zeitlich gebraucht werden.

Das *futur simple* kann aber einen zukünftigen Vorgang bezeichnen, der noch nicht präzisiert wird. Mit dem *futur proche* kann die Verwirklichung dieses zukünftigen Vorganges mit größerer Gewißheit gegeben sein.

futur proche (das „nahe“ Futur)

Je vais téléphoner.	*Ich werde anrufen (= ich werde es gleich tun).*

futur simple (einfaches Futur)

Je téléphonerai.	*Ich werde anrufen (= ich werde später anrufen, aber ich weiß noch nicht wann).*

II.4 Wortschatz

la montagne	*la mõtanjö*	Berg
faire de la montagne	*fär dö la mõtanjö*	*(hier)* in die Berge fahren
la chapelle	*la schapäl*	Kapelle
roman(e)	*rɔmã, rɔman*	romanisch
le col	*lö kɔl*	Paß; Paßhöhe
long *m*, longue *f*	*lõ, lõg*	*(zeitlich und räumlich)* lang
la halte	*la alt*	Pause
en tout	*ã tu*	insgesamt
une quarantaine de . . .	*ün karãtän dö*	ungefähr 40 . . .
la coopérative	*la kɔɔperatiw*	Genossenschaft, *(hier)* Winzergenossenschaft
demain	*dömã*	morgen
rentrer	rãtre	zurückfahren

II.5. Übungen

1. Setzen Sie das einfache Futur (futur simple) ein:

Il (arriver) à 8 heures. Il (faire) les commissions. Elle (aller) en Italie. Nous (être) au cinéma. Vous (avoir) une couchette pour Lyon. Ils (attendre) le train. Nous (choisir) un itinéraire. Ils (venir) à 10 heures. Nous (visiter) le château.

2. Setzen Sie das „nahe" Futur (futur proche) ein:
Ils (passer) à Rebouillon. Ils (continuer) jusqu'à la distillerie de lavande. Vous (louer) des vélos à Die. Je (se renseigner) sur les horaires de train. Tu (téléphoner) à la poste.

3. Bringen Sie die Sätze in die richtige Reihenfolge, um den Verlauf einer Fahrstrecke zu beschreiben:
Vous arrivez à la Bastide. Vous sortez de Draguignan par la N 555. Vous partez de Draguignan. Vous passez à Rebouillon. Vous continuez jusqu'à Camps-sur-Artusy. Vous prenez la D 21 de Camps-sur-Artusy jusqu'à la Bastide.

4. Übersetzen Sie:
Wir sind von Marseille gestartet. Wir haben die Nationalstraße genommen. Wir sind über Toulon gefahren. Dann sind wir bis Saint-Tropez weitergefahren. In Saint-Tropez haben wir die Landstraße genommen und sind in Grimaud angekommen.

Leçon 18 – Lektion 18

Au terrain de camping

Auf dem Campingplatz

I.1. Comment louer un bungalow?

Monsieur Meyer: *M.M.*, un employé: *E.*

M.M.: Est-ce que vous avez des bungalows à louer?

E.: Pour combien de temps?

M.M.: Pour quelques jours, pas plus de quinze jours.

E.: Je regrette, ça n'est pas possible. Si vous restiez un mois, je pourrais vous en louer un. En pleine saison nous louons seulement au mois.

M.M.: C'est dommage! Alors on dormira sous la tente. Dites-moi quand même comment les bungalows sont équipés.

E.: Une pièce avec deux lits, un coin cuisine avec gaz butane, une douche. Les WC sont à l'intérieur.

M.M.: Et ça coûte combien?

E.: 25 F par jour et par personne.

I.2. Übersetzung

Wie mietet man einen Bungalow?
Herr Meyer: *M.M.*, ein Angestellter: *E.*
M.M.: Haben Sie Bungalows zu vermieten? - *E.:* Für wie lange? *M.M.:* Für ein paar Tage, nicht länger als 14 Tage. - *E.:* Ich bedauere, das ist nicht möglich. Wenn Sie einen Monat bleiben würden, könnte ich Ihnen einen vermieten. In der Hochsaison vermieten wir nur monatsweise. - *M.M.:* Das ist schade! Dann werden wir im Zelt schlafen. Sagen Sie mir trotzdem, wie die Bungalows ausgestattet sind. - *E.:* Ein Raum mit zwei Betten, eine Kochnische mit Butangas, eine Dusche. Die Toiletten sind im Haus. - *M.M.:* Und was kostet das? - *E.:* 25 F pro Tag und pro Person.

I.3. Grammatik

Der Konditional im Präsens (le conditionnel présent)

a) Regelmäßige Formen

Alle Verben enden im Konditional des Präsens auf **-rais, -rais, -rait, -rions, -riez, -raient.**
Bei Verben auf **-er** werden diese Endungen an die 1. Person Singular des Präsens angehängt.

Beispiel:

Präsens		Konditional Präsens	
j'aime	*ich liebe*	j'aimerais	*ich würde lieben*

Der Konditional Präsens der Verben auf **-ir** und **-re** wird vom Infinitiv abgeleitet (wobei bei den Verben auf **-re** das Endungs-e entfällt).

Beispiel:

Infinitiv		Konditional Präsens	
finir	*beenden*	je finirais	*ich würde beenden*
attendre	*warten*	j'attendrais	*ich würde warten*

Konditional Präsens

Verben auf **-er**

aimer *lieben*

j'	aimerais	*ich*	*würde*	*lieben*
tu	aimerais	*du*	*würdest*	*lieben*
il/elle	aimerait	*er/sie/es*	*würde*	*lieben*
nous	aimerions	*wir*	*würden*	*lieben*
vous	aimeriez	*ihr*	*würdet*	*lieben*
ils/elles	aimeraient	*sie*	*würden*	*lieben*

Verben auf **-ir**

finir *beenden*

je	finirais	*ich*	*würde*	*beenden*
tu	finirais	*du*	*würdest*	*beenden*
il/elle	finirait	*er/sie/es*	*würde*	*beenden*
nous	finirions	*wir*	*würden*	*beenden*
vous	finiriez	*ihr*	*würdet*	*beenden*
ils/elles	finiraient	*sie*	*würden*	*beenden*

Verben auf **-re**

attendre *warten*

j'	attendrais	*ich*	*würde*	*warten*
tu	attendrais	*du*	*würdest*	*warten*
il/elle	attendrait	*er/sie/es*	*würde*	*warten*
nous	attendrions	*wir*	*würden*	*warten*
vous	attendriez	*ihr*	*würdet*	*warten*
ils/elles	attendraient	*sie*	*würden*	*warten*

b) Unregelmäßige Verben

Konditional Präsens

avoir *haben*

j'	aurais	*ich*	*würde*	*haben/hätte*
tu	aurais	*du*	*würdest*	*haben/hättest*

il/elle	aurait	*er/sie/es*	*würde*	*haben/hätte*
nous	aurions	*wir*	*würden*	*haben/hätten*
vous	auriez	*ihr*	*würdet*	*haben/hättet*
ils/elles	auraient	*sie*	*würden*	*haben/hätten*

être *sein*

je	serais	*ich*	*würde*	*sein/wäre*
tu	serais	*du*	*würdest*	*sein/wärest*
il/elle	serait	*er/sie/es*	*würde*	*sein/wäre*
nous	serions	*wir*	*würden*	*sein/wären*
vous	seriez	*ihr*	*würdet*	*sein/wäret*
ils/elles	seraient	*sie*	*würden*	*sein/wären*

aller *gehen*

j'	irais	*ich*	*würde*	*gehen*
tu	irais	*du*	*würdest*	*gehen*
il/elle	irait	*er/sie/es*	*würde*	*gehen*
nous	irions	*wir*	*würden*	*gehen*
vous	iriez	*ihr*	*würdet*	*gehen*
ils/elles	iraient	*sie*	*würden*	*gehen*

faire *machen*

je	ferais	*ich*	*würde*	*machen*
tu	ferais	*du*	*würdest*	*machen*
il/elle	ferait	*er/sie/es*	*würde*	*machen*
nous	ferions	*wir*	*würden*	*machen*
vous	feriez	*ihr*	*würdet*	*machen*
ils/elles	feraient	*sie*	*würden*	*machen*

venir *kommen*

je	viendrais	*ich*	*würde*	*kommen/käme*
tu	viendrais	*du*	*würdest*	*kommen/kämst*
il/elle	viendrait	*er/sie/es*	*würde*	*kommen/käme*
nous	viendrions	*wir*	*würden*	*kommen/kämen*
vous	viendriez	*ihr*	*würdet*	*kommen/kämet*
ils/elles	viendraient	*sie*	*würden*	*kommen/kämen*

pouvoir *können*

je	pourrais	*ich*	*würde*	*können/könnte*
tu	pourrais	*du*	*würdest*	*können/könntest*
il/elle	pourrait	*er/sie/es*	*würde*	*können/könnte*
nous	pourrions	*wir*	*würden*	*können/könnten*
vous	pourriez	*ihr*	*würdet*	*können/könntet*
ils/elles	pourraient	*sie*	*würden*	*können/könnten*

savoir *wissen*

je	saurais	*ich*	*würde*	*wissen/wüßte*
tu	saurais	*du*	*würdest*	*wissen/wüßtest*
il/elle	saurait	*er/sie/es*	*würde*	*wissen/wüßte*
nous	saurions	*wir*	*würden*	*wissen/wüßten*
vous	sauriez	*ihr*	*würdet*	*wissen/wüßtet*
ils/elles	sauraient	*sie*	*würden*	*wissen/wüßten*

voir *sehen*

je	verrais	*ich*	*würde*	*sehen*
tu	verrais	*du*	*würdest*	*sehen*
il/elle	verrait	*er/sie/es*	*würde*	*sehen*
nous	verrions	*wir*	*würden*	*sehen*
vous	verriez	*ihr*	*würdet*	*sehen*
ils/elles	verraient	*sie*	*würden*	*sehen*

vouloir *wollen*

je	voudrais	*ich*	*würde*	*wollen*
tu	voudrais	*du*	*würdest*	*wollen*
il/elle	voudrait	*er/sie/es*	*würde*	*wollen*
nous	voudrions	*wir*	*würden*	*wollen*
vous	voudriez	*ihr*	*würdet*	*wollen*
ils/elles	voudraient	*sie*	*würden*	*wollen*

I.4. Wortschatz

le terrain de camping	*lö tärā̃ dö kãping*	Campingplatz
le bungalow	*lö bō̃galo*	Bungalow
quelques jours	*kälkö ʒur*	ein paar Tage

quinze jours	*kãs ʒur*	vierzehn Tage
en pleine saison	*ã plän ßäsõ*	in der Hochsaison
au mois	*o moa*	monatsweise
dormir	*dɔrmir*	schlafen
la tente	*la tãt*	Zelt
le lit	*lö li*	Bett
le coin cuisine	*lö kuẽ küisin*	Kochnische
le gaz butane	*lö gas bütan*	Butangas
les WC	*le weße*	Toiletten
à l'intérieur	*a lẽterjɔ̈r*	*(hier)* im Haus

II.1. Les Meyer protestent contre le bruit

Monsieur Meyer: *M. M.*, un voisin de tente: *V.*

M. M.: Pardon, Monsieur, vous pourriez baisser votre radio S.V.P.?

V.: Si on peut même plus écouter la radio maintenant!

M. M.: Ne vous fâchez pas, mais il est minuit passé, nous voudrions dormir.

V.: Quelle idée de se coucher si tôt en vacances.

M. M.: Ça ne vous regarde pas l'heure à laquelle je me couche. Après dix heures du soir vous n'avez pas le droit de faire tant de bruit. Si vous ne baissez pas tout de suite, j'appelle le gardien du camp.

V.: Bon ça va, ça va, j'arrête.

II.2. Übersetzung

Meyers wehren sich gegen den Lärm

Herr Meyer: *M. M.*, ein Zeltnachbar: *V.*

M. M.: Entschuldigen Sie, könnten Sie bitte Ihr Radio leiser stellen? – *V.:* Kann man denn jetzt nicht mal mehr Radio hören? – *M. M.:* Bitte, regen Sie sich nicht auf. Aber es ist schon nach Mitternacht, wir möchten schlafen. – *V.:* Wer geht denn schon im Urlaub so früh ins Bett. – *M. M.:* Es geht Sie gar nichts an, wann ich zu Bett gehe. Nach zehn Uhr abends dürfen Sie nicht soviel Lärm machen. Wenn Sie nicht sofort Ihr Radio leiser stellen, rufe ich den Platzwächter. – *V.:* Schon gut, schon gut, ich stelle es ab.

II.3. Grammatik

1. Der Gebrauch des Konditionals

Der Konditional wird gebraucht, um höfliche Bitten, Aufforderungen oder Fragen auszudrücken.

Übersicht

Je voudrais . . .	*Ich möchte . . .* *Ich würde gerne . . .*
Je voudrais un kilo de tomates.	*Ich möchte ein Kilo Tomaten.*
Je voudrais téléphoner.	*Ich würde gerne telefonieren.*
Vous auriez . . .	*Hätten Sie . . .*
Vous auriez une cigarette pour moi S.V.P.?	*Hätten Sie bitte eine Zigarette für mich?*
Vous seriez gentil de . . .	*Es wäre nett, wenn Sie . . .*
Vous seriez gentil de fermer la porte.	*Es wäre nett, wenn Sie die Tür schließen würden.*
Vous pourriez . . .	*Könnten Sie . . .*
Vous pourriez baisser la radio S.V.P.?	*Könnten Sie bitte das Radio leiser stellen?*

2. Der Konditionalsatz

Der Konditionalsatz besteht aus zwei Satzelementen, einem Haupt- und einem Nebensatz. Im Unterschied zum Deutschen, das auch im Nebensatz die Form des Konditionals verwendet, gebraucht das Französische im Nebensatz **si + Imperfekt** (Vgl. dazu Lektion 11, Grammatik I, Bildung des Imperfekts).

Nebensatz	**Hauptsatz**
si + Imperfekt	**Konditional Präsens**
Si vous baissiez la radio	nous pourrions dormir.
Wenn Sie das Radio leiser stellen würden,	*könnten wir schlafen.*

II.4. Wortschatz

protester (contre)	*prɔtäste (kõtr*^{ö}*)*	sich wehren (gegen)
le bruit	*l*^{ö} *brüi*	Lärm
le voisin	*l*^{ö} *woasã*	Nachbar
baisser	*beße*	leiser stellen
la radio	*la radjo*	Radio
écouter	*ekute*	hören
maintenant	*mãtnã*	jetzt
se fâcher	*ß*^{ö} *fasche*	sich ärgern, sich aufregen
minuit *m*	*minüi*	Mitternacht
se coucher	*ß*^{ö} *kusche*	ins/zu Bett gehen
si tôt	*ßi to*	so früh
ça ne vous regarde pas	*ßa n*^{ö} *wu r*^{ö}*gard*^{ö} *pa*	das geht Sie nichts an
tant de . . .	*tã d*^{ö}	soviel
appeler	*aple*	rufen
le gardien du camp	*l*^{ö} *gardjã dü kã*	Platzwächter (auf dem Campingplatz)
ça va!	*ßa wa*	schon gut!
arrêter	*aräte*	*(hier)* abstellen

II.5. Übungen

1. Setzen Sie den Konditional Präsens ein:

Je (aller) bien au cinéma mais je n'ai pas le temps. Je (vouloir) louer un bungalow pour un mois. Est-ce que vous (pouvoir) me téléphoner demain? Tu (être) gentil de me téléphoner. Est-ce que vous (aimer) aller en Allemagne cette année? Vous (avoir) une aspirine pour moi?

2. Bilden Sie Konditionalsätze nach folgendem Muster:

Si (avoir) de l'argent, je (aller) à Paris.
Si **j'avais** de l'argent, **j'irais** à Paris.
(Nebensatz: si + Imperfekt; Hauptsatz: Konditional Präsens)
Si tu (aimer) le ski, nous (aller) à Chamonix.
Si je (être) jeune, je (apprendre) à faire du ski.
Si vous (rester) un mois, je vous (louer) le bungalow.
Si tu (baisser) la radio, je (pouvoir) dormir.
Si je (avoir) le temps, je (venir) avec toi à Paris.

3. Komplettieren Sie die Sätze:

Est-ce-que tu as demandé au terrain de . . . . s'il y a des bungalows à . . . . Oui, tout est . . . . jusqu'au 15 septembre. Combien ça . . . . un bungalow? C'est 20 F . . . . personne et . . . . jour.

4. Übersetzen Sie:

Würden Sie bitte Ihr Radio leiser stellen? Es ist Mitternacht, ich möchte schlafen. Nach 22 Uhr dürfen Sie nicht soviel Lärm machen. Wenn Sie das Radio nicht sofort leiser stellen, rufe ich die Polizei *(la police).*

Wenn ich Zeit hätte, würde ich ins Kino gehen. Es wäre nett, wenn du mich anrufen würdest. Könnten Sie mir sagen, wo das Fremdenverkehrsamt ist. Wenn ich wüßte, wo er wohnt, würde ich ihn aufsuchen *(aller voir).*

Leçon 19 – Lektion 19

Chez le médecin

Beim Arzt

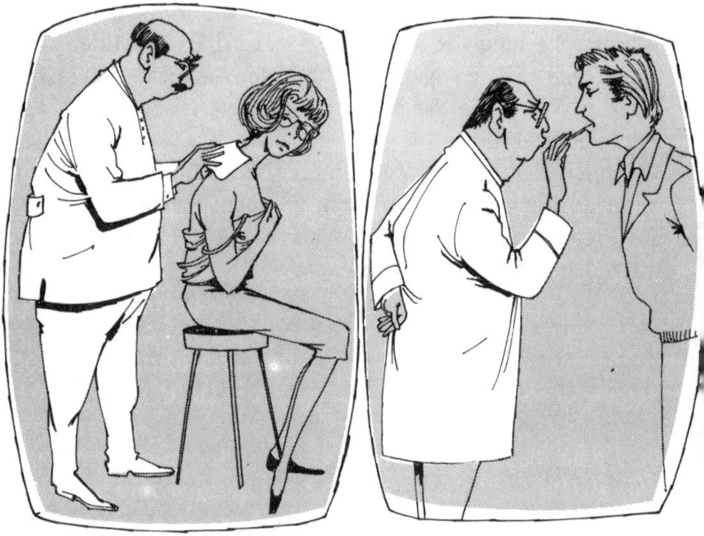

I.1. Madame Meyer va chez le médecin

Madame Meyer: *Mme M.*, le médecin: *M.*

Mme M.: Bonjour, Docteur.
M.: Bonjour, Madame, qu'est-ce qui ne va pas?
Mme M.: J'ai des démangeaisons terribles depuis trois jours.
M.: Faites-moi voir ça. Vous faites de l'allergie?
Mme M.: Non, ça doit être autre chose.
M.: Est-ce que vous supportez bien le soleil?
Mme M.: J'ai eu un coup de soleil, je voulais bronzer.
M.: Si vous aviez été raisonnable vous ne seriez pas restée si longtemps au soleil. Je vous fais une ordonnance, mettez cette crème tous les jours. Dans une semaine ça devrait passer.

Mme M.: Merci docteur, je vous dois combien pour la consultation?
M.: Vous me devez 40 F.

I.2. Übersetzung

Frau Meyer geht zum Arzt

Frau Meyer: *Mme M.*, der Arzt: *M.*
Mme M.: Guten Tag, Herr Doktor. - *M.:* Guten Tag, was fehlt Ihnen? - *Mme M.:* Seit drei Tagen habe ich einen furchtbaren Juckreiz. - *M.:* Lassen Sie mich mal sehen. Neigen Sie zur Allergie? - *Mme M.:* Nein, es muß etwas anderes sein. - *M.:* Vertragen Sie die Sonne gut? - *Mme M.:* Ich habe einen Sonnenbrand gehabt, ich wollte braun werden. - *M.:* Wenn Sie vernünftig gewesen wären, wären Sie nicht so lange in der Sonne geblieben. Ich gebe Ihnen ein Rezept mit. Tragen Sie diese Salbe täglich auf. In einer Woche müßte es vorbei sein. - *Mme M.:* Danke, Herr Doktor. Was kostet die Behandlung? - *M.:* 40 F.
(In Frankreich zahlt der Patient erst den Arzt, dann erhält er das Geld von der Krankenkasse zurückerstattet.)

I.3. Grammatik

1. Der Konditional der Vergangenheit (le conditionnel passé)
Der Konditional der Vergangenheit wird mit dem Konditional der Hilfsverben avoir und être und dem Partizip Perfekt des Verbs gebildet.

Konditional der Vergangenheit

Verben auf -er

louer *mieten*

j'	aurais	loué	*ich*	*hätte*	*gemietet*
tu	aurais	loué	*du*	*hättest*	*gemietet*
il/elle	aurait	loué	*er/sie/es*	*hätte*	*gemietet*
nous	aurions	loué	*wir*	*hätten*	*gemietet*
vous	auriez	loué	*ihr*	*hättet*	*gemietet*
ils/elles	auraient	loué	*sie*	*hätten*	*gemietet*

Verben auf -ir

choisir *wählen*

j'	aurais	choisi	*ich*	*hätte*	*gewählt*
tu	aurais	choisi	*du*	*hättest*	*gewählt*
il/elle	aurait	choisi	*er/sie/es*	*hätte*	*gewählt*
nous	aurions	choisi	*wir*	*hätten*	*gewählt*
vous	auriez	choisi	*ihr*	*hättet*	*gewählt*
ils/elles	auraient	choisi	*sie*	*hätten*	*gewählt*

Verben auf -re

attendre *warten*

j'	aurais	attendu	*ich*	*hätte*	*gewartet*
tu	aurais	attendu	*du*	*hättest*	*gewartet*
il/elle	aurait	attendu	*er/sie/es*	*hätte*	*gewartet*
nous	aurions	attendu	*wir*	*hätten*	*gewartet*
vous	auriez	attendu	*ihr*	*hättet*	*gewartet*
ils/elles	auraient	attendu	*sie*	*hätten*	*gewartet*

mit être verbundenes Verb

arriver *ankommen*

je	serais	arrivé(e)	*ich*	*wäre*	*angekommen*
tu	serais	arrivé(e)	*du*	*wärest*	*angekommen*
il/elle	serait	arrivé(e)	*er/sie/es*	*wäre*	*angekommen*
nous	serions	arrivé(e)s	*wir*	*wären*	*angekommen*
vous	seriez	arrivé(e)s	*ihr*	*wäret*	*angekommen*
ils/elles	seraient	arrivé(e)s	*sie*	*wären*	*angekommen*

avoir *haben*

j'	aurais	eu	*ich*	*hätte*	*gehabt*
tu	aurais	eu	*du*	*hättest*	*gehabt*
il/elle	aurait	eu	*er/sie/es*	*hätte*	*gehabt*
nous	aurions	eu	*wir*	*hätten*	*gehabt*
vous	auriez	eu	*ihr*	*hättet*	*gehabt*
ils/elles	auraient	eu	*sie*	*hätten*	*gehabt*

être *sein*

j'	aurais	été	*ich*	*wäre*	*gewesen*
tu	aurais	été	*du*	*wärest*	*gewesen*
il/elle	aurait	été	*er/sie/es*	*wäre*	*gewesen*
nous	aurions	été	*wir*	*wären*	*gewesen*
vous	auriez	été	*ihr*	*wäret*	*gewesen*
ils/elles	auraient	été	*sie*	*wären*	*gewesen*

2. Der Konditionalsatz (Zusammenfassung)

Konditionalformen			
Präsens		**Vergangenheit**	
Nebensatz + si	**Hauptsatz**	**Nebensatz + si**	**Hauptsatz**
Si j'avais le temps	j'irais au cinéma.	Si j'avais eu le temps	je serais allé au cinéma.
Wenn ich Zeit hätte,	*würde ich ins Kino gehen.*	*Wenn ich Zeit gehabt hätte,*	*wäre ich ins Kino gegangen.*
Si j'avais le temps	je ferais du sport	Si j'avais eu le temps	j'aurais fait du sport.
Wenn ich Zeit hätte,	*würde ich Sport treiben*	*Wenn ich Zeit gehabt hätte,*	*hätte ich Sport getrieben.*
si + Imperfekt	**Konditional Präsens**	**si + Plusquamperfekt**	**Konditional der Vergangenheit**

I.4. Wortschatz

le médecin	*lö medßã̃*	Arzt
qu'est-ce qui ne va pas?	*kä‿ßö ki nö wa pa*	was fehlt Ihnen?
les démangeaisons	*le demãʒäsõ*	Juckreiz
terrible	*täriblö*	furchtbar
faire de ...	*fär dö*	leiden unter; neigen zu
l'allergie *f*	*lalärʒi*	Allergie
le soleil	*lö ßɔläj*	Sonne

le coup de soleil	*lö ku dö ßɔläj*	Sonnenbrand
bronzer	*brõse*	braun werden
raisonnable	*resɔnablö*	vernünftig
l'ordonnance *f*	*lɔrdɔnãß*	Rezept
faire une ordonnance	*fär ün ɔrdɔnãß*	ein Rezept mitgeben, verschreiben
la crème	*la kräm*	Salbe
passer	*paße*	*(hier)* vorbei sein
la consultation	*la kõßültaßjõ*	Sprechstunde; *(hier)* Behandlung
mettre	*mätrö*	*(hier)* auftragen
supporter	*ßüpɔrte*	vertragen

II.1. Monsieur Meyer va chez le médecin

Monsieur Meyer: *M.M.*, le médecin: *M.*

M.M.: Bonjour, Docteur.

M.: Bonjour, Monsieur, qu'est-ce qui ne va pas?

M.M.: Je crois que j'ai une angine. J'ai mal à la gorge.

M.: Ouvrez la bouche, faites Ah . . . La gorge est toute rouge. Vous avez de la fièvre?

M.M.: Ce matin j'avais 38,5.

M.: C'est bien une angine. Je vous fais une ordonnance pour des antibiotiques. Vous devez rester au lit deux jours. Si ça ne va pas mieux, revenez me voir ou téléphonez-moi.

II.2. Übersetzung

Herr Meyer geht zum Arzt

Herr Meyer: *M.M.*, der Arzt: *M.*

M.M.: Guten Tag, Herr Doktor. – *M.:* Guten Tag, was fehlt Ihnen? – *M.M.:* Ich glaube, ich habe eine Mandelentzündung. Ich habe Halsschmerzen. – *M.:* Machen Sie den Mund auf, sagen Sie Ah . . . Ihr Hals ist ganz rot. Haben Sie Fieber? – *M.M.:* Heute früh hatte ich 38,5. – *M.:* Das ist allerdings eine Mandelentzündung. Ich verschreibe Ihnen Antibiotika. Sie müssen zwei Tage im Bett bleiben. Wenn es nicht besser wird, kommen Sie wieder oder rufen Sie mich an.

1. Das Verb devoir

devoir *müssen*

Präsens

je	dois	*ich*	*muß*
tu	dois	*du*	*mußt*
il/elle	doit	*er/sie/es*	*muß*
nous	devons	*wir*	*müssen*
vous	devez	*ihr*	*müßt*
ils/elles	doivent	*sie*	*müssen*

Imperfekt

je	devais	*ich*	*mußte*
tu	devais	*du*	*mußtest*
il/elle	devait	*er/sie/es*	*mußte*
nous	devions	*wir*	*mußten*
vous	deviez	*ihr*	*mußtet*
ils/elles	devaient	*sie*	*mußten*

Perfekt

j'	ai	dû	*ich*	*habe*	*gemußt*
tu	as	dû	*du*	*hast*	*gemußt*
il/elle	a	dû	*er/sie/es*	*hat*	*gemußt*
nous	avons	dû	*wir*	*haben*	*gemußt*
vous	avez	dû	*ihr*	*habt*	*gemußt*
ils/elles	ont	dû	*sie*	*haben*	*gemußt*

Plusquamperfekt

j'	avais	dû	*ich*	*hatte*	*gemußt*
tu	avais	dû	*du*	*hattest*	*gemußt*
il/elle	avait	dû	*er/sie/es*	*hatte*	*gemußt*
nous	avions	dû	*wir*	*hatten*	*gemußt*
vous	aviez	dû	*ihr*	*hattet*	*gemußt*
ils/elles	avaient	dû	*sie*	*hatten*	*gemußt*

einfaches Futur

je	devrai	*ich*	*werde*	*müssen*
tu	devras	*du*	*wirst*	*müssen*
il/elle	devra	*er/sie/es*	*wird*	*müssen*
nous	devrons	*wir*	*werden*	*müssen*
vous	devrez	*ihr*	*werdet*	*müssen*
ils/elles	devront	*sie*	*werden*	*müssen*

2. Müssen = devoir oder il faut + Infinitiv

Im Französischen kann das deutsche *müssen* entweder mit **devoir** oder mit **il faut** wiedergegeben werden.
(Wiederholung: Zu il faut oder il faut + Infinitiv siehe Lektion 5, Grammatik II.)

Vous ne devez pas fumer.	*Sie dürfen nicht rauchen.*
Il ne faut pas fumer.	*Man darf nicht rauchen.*
Vous devez rester au lit.	*Sie müssen im Bett bleiben.*
Il faut rester au lit.	*Man muß im Bett bleiben.*

II.4. Wortschatz

bonjour, Docteur	*bõʒur dɔktör*	Guten Tag, Herr Doktor
l'angine	*lãʒin*	Mandelentzündung
la gorge	*la gɔrʒ*	Hals
j'ai mal à la gorge	*ʒe mal a la gɔrʒ*	ich habe Halsschmerzen
ouvrir	*uwrir*	öffnen, aufmachen
la bouche	*la busch*	Mund
la fièvre	*la fjäwr^{ö}*	Fieber
l'antibiotique *m*	*lãtibiɔtik*	Antibiotikum
rester au lit	*räste o li*	im Bett bleiben
mieux	*mjö*	besser
revenez me voir	*r^{ö}wne m^{ö} woar*	kommen Sie wieder

II.5. Übungen

1. Bilden Sie den Konditional der Vergangenheit:
Muster:

Je n'ai pas fumé.	*Ich habe nicht geraucht.*
Je n'**aurais** pas **fumé.**	*Ich hätte nicht geraucht.*

Tu n'as pas eu mal à la gorge ______________________________

Il a fait une ordonnance ______________________________

J'ai dû rester au lit ______________________________

Vous êtes resté à Draguignan ______________________________

Elle a vérifié la pression des pneus ______________________________

Il a choisi une autre voiture ______________________________

Nous n'avons pas attendu le train ______________________________

2. Setzen Sie die Form des Konditionals der Vergangenheit ein:
Si j'avais eu le temps, je (partir) avec toi. Si je n'avais pas eu d'accident, je (arriver) hier. Si tu n'étais pas resté au soleil, tu (ne pas avoir) de coup de soleil. Si j'avais téléphoné, il (venir). Si tu avais eu la télé, nous (regarder) le western. Si j'avais eu ton adresse à Paris, je (aller te voir).

3. Ersetzen Sie **il faut** *durch die jeweils passende Form von* **devoir:**
Muster:

Il faut rester au lit.	*Man muß im Bett bleiben.*
Vous devez rester au lit.	*Sie müssen im Bett bleiben.*

Il faut aller chez le médecin. Vous ______________________________

Il faut téléphoner à l'hôtel. Tu ______________________________

Il faut louer des vélos. Nous ______________________________

Il faut envoyer un télégramme. Ils ______________________________

Il faut payer 100 F. Je ______________________________

4. Übersetzen Sie:
Ich habe einen Sonnenbrand. Ich habe kein Rezept, ich muß zum Arzt gehen. Nehmen Sie Antibiotika. Ich habe Halsschmerzen und Fieber. Ich muß nicht im Bett bleiben. Was fehlt Ihnen? Ich glaube, ich habe eine Mandelentzündung.

Leçon 20 – Lektion 20

Monsieur Meyer achète un billet de loterie et joue au tiercé

Herr Meyer kauft ein Los und setzt bei der Dreierwette

I.1. La loterie nationale

Monsieur Meyer: *M.M.*, Madame Meyer: *Mme M.*

M.M.: Devine ce que j'ai acheté pour toi chez le buraliste?
Mme M.: Je ne sais pas, des cigarettes?
M.M.: Non, un billet de loterie.
Mme M.: Un dixième ou un billet entier?
M.M.: Un dixième, c'est moins cher.
Mme M.: Et le tirage, c'est quand?
M.M.: Vendredi.
Mme M.: D'après les statistiques, un Français sur deux s'achète régulièrement un billet de loterie ou joue aux courses.

M.M.: Les Allemands jouent plus au loto que les Français.
Mme M.: Tu as déjà gagné au loto?
M.M.: Oui, une fois 3000 DM.

I.2. Übersetzung

Die Staatslotterie

Herr Meyer: *M.M.*, Frau Meyer: *Mme M.*
M.M.: Rate mal, was ich dir beim Tabakhändler gekauft habe? - *Mme M.:* Ich weiß nicht, Zigaretten? - *M.M.:* Nein, ein Los. - *Mme M.:* Ein Zehntellos oder ein ganzes Los? - *M.M.:* Ein Zehntellos, das ist billiger. - *Mme M.:* Und wann ist die Ziehung? - *M.M.:* Am Freitag. - *Mme M.:* Nach der Statistik kauft sich jeder zweite Franzose regelmäßig ein Los oder setzt beim Pferderennen. - *Mme M.:* Die Deutschen spielen mehr Lotto als die Franzosen. - *Mme M.:* Hast du schon mal im Lotto gewonnen? - *M.M.:* Ja, einmal 3000 DM.

I.3. Grammatik

1. Die Ordnungszahlen

Die Ordnungszahlen	Aussprache	Abkürzung	
le premier	*lö prömje*	1er	*der erste*
la première	*la prömjär*	1re	*die erste*
le second	*lö sögõ*	2nd	*der zweite*
la seconde	*la sögõd*	2nde	*die zweite*
le, la deuxième	*lö, la dösjäm*	2e	*der/die zweite*
le, la troisième	*lö, la troasjäm*	3e	*der/die dritte*
le, la quatrième	*lö, la katrijäm*	4e	*usw.*
le, la cinquième	*lö, la ßãkjäm*	5e	
le, la sixième	*lö, la ßisjäm*	6e	
le, la septième	*lö, la ßetjäm*	7e	
le, la huitième	*lö, la üitjäm*	8e	
le, la neuvième	*lö, la nõwjäm*	9e	
le, la dixième	*lö, la disjäm*	10e	
le, la onzième	*lö, la õsjäm*	11e	

le, la douzième	*lö, la dusjäm*	12e
le, la treizième	*lö, la träsjäm*	13e
le, la quatorzième	*lö, la katɔrsjäm*	14e
le, la quinzième	*lö, la kä̃sjäm*	15e
le, la seizième	*lö, la ßäsjäm*	16e
le, la dix-septième	*lö, la dißätjäm*	17e
le, la dix-huitième	*lö, la disüitjäm*	18e
le, la dix-neuvième	*lö, la disnɔ̈wjäm*	19e
le, la vingtième	*lö, la wä̃tjäm*	20e
le, la vingt-et-unième	*lö, la wä̃teünjäm*	21e
le, la vingt-deuxième	*lö, la wä̃tdösjäm*	22e
le, la trentième	*lö, la trãtjäm*	30e
le, la quarantième	*lö, la karãtjäm*	40e
le, la cinquantième	*lö, la ßä̃kãtjäm*	50e
le, la soixantième	*lö, la ßoaßãtjäm*	60e
le, la soixante-dixième	*lö, la ßoaßãtdißjäm*	70e
le, la quatre-vingtième	*lö, la katrwä̃tjäm*	80e
le, la quatre-vingt-dixième	*lö, la katrwä̃tdißjäm*	90e
le, la centième	*lö, la ßãtjäm*	100e
le, la millième	*lö, la miljäm*	1000e

(Wiederholung: die Grundzahlen, Lektionen 2, 3 und 6)
Die Ordnungszahlen stimmen in Numerus und Genus mit ihrem Bezugswort überein:

Z.B.:	**le** troisième **jour**	*der dritte Tag*
	la troisième **semaine**	*die dritte Woche*
	le premier **jour**	*der erste Tag*
	la première **semaine**	*die erste Woche*
Merke:	Il habite au premier.	*Er wohnt im ersten Stock.*

2. Prozent- und Bruchzahlen

½	un demi	*ein Halb*	⅓	un tiers	*ein Drittel*
¼	un quart	*ein Viertel*	⅕	un cinquième	*ein Fünftel*
⅔	deux tiers	*zwei Drittel*	¾	trois quarts	*drei Viertel*
1%	un pour cent	*ein Prozent*	5%	cinq pour cent	*fünf Prozent*

Merke: La moitié des Français — *die Hälfte der Franzosen*
un Français **sur deux** — *jeder zweite Franzose*
un jour **sur trois** — *jeder dritte Tag, bzw. jeden dritten Tag*
une augmentation **de dix pour cent** — *eine zehnprozentige Erhöhung*

I.4. Wortschatz

le billet de loterie	*lö bijä dö lɔtri*	Los
le tiercé	*lö tjärße*	Dreierwette
le buraliste	*lö büralißt*	Tabakhändler
le dixième	*lö disjäm*	Zehntellos
le tirage	*lö tiraʒ*	Ziehung
les statistiques *f/pl.*	*le ßtatißtik*	Statistik
régulièrement	*regüljärmã*	regelmäßig
jouer aux courses	*jue o kurß*	beim Pferderennen setzen
le loto	*lö loto*	Lotto
gagner	*ganje*	gewinnen

II.1. Le tiercé

Monsieur Meyer: *M.M.*, Madame Meyer: *Mme M.*

Mme M.: Regarde! Les gens font la queue au café pour jouer au tiercé.

M.M.: Oui, car aujourd'hui c'est le Grand Prix de l'Arc de Triomphe.

Mme M.: Qu'est-ce qu'il faut faire pour gagner?

M.M.: Il faut trouver les trois premiers. On peut gagner dans l'ordre, c'est ce qui rapporte le plus ou dans le désordre, c'est ce qui rapporte le moins.

Mme M.: J'ai compris mais c'est trop compliqué pour moi.

M.M.: Bon, alors je vais jouer le 8, le 10, le 28. C'est ta date de naissance.

II.2. Übersetzung

Die Dreierwette

Herr Meyer: *M.M.*, Frau Meyer: *Mme M.*

Mme M.: Schau mal! Die Leute stehen Schlange im Café, um ihre Wette abzugeben. – *M.M.:* Ja, denn heute findet der große Arc-de-Triomphe-Preis statt. – *Mme M.:* Was muß man tun,

um zu gewinnen? - *M.M.:* Man muß die drei ersten richtig haben. Man kann entweder in der Reihenfolge des Einlaufens gewinnen, das bringt am meisten ein, oder in beliebiger Reihenfolge, das bringt am wenigsten ein. - *Mme M.:* Ich habe es verstanden, aber es ist mir zu kompliziert. - *M.M.:* Gut, dann werde ich auf 8, 10, 28 setzen. Das ist doch dein Geburtsdatum.
(In Frankreich befinden sich die Wettannahmestellen für die Dreierwette in Cafés mit dem Schild P.M.U.)

II.3. Grammatik

1. Die unmittelbare Vergangenheit (le passé immédiat)

Beispiel:

Il vient de téléphoner.	*Er hat soeben/gerade angerufen.*

venir de + Infinitiv = unmittelbare Vergangenheit

Das passé immédiat wird mit Hilfe der Präsensform von **venir** (vgl. Lektion 8, Grammatik II) der Präposition **de** und dem **Infinitiv** des betreffenden Verbs gebildet.

2. Die Vergleichsformen

Komparativ

moins . . . que

Paris est **moins grand que** New York	*Paris ist weniger groß als New York*
Il fume **moins que** sa femme	*Er raucht weniger als seine Frau*
Le bungalow est **moins cher qu'**une chambre d'hôtel	*Der Bungalow ist billiger als ein Hotelzimmer*

plus . . . que

New York est **plus grand que** Paris	*New York ist größer als Paris*
Elle fume **plus que** son mari	*Sie raucht mehr als ihr Mann*
Une chambre d'hôtel est **plus chère qu'**un bungalow	*Ein Hotelzimmer ist teurer als ein Bungalow*

Superlativ

le moins (la moins, les moins)

Il fume **le moins**	*Er raucht am wenigsten*
la ville **la moins grande**	*die kleinste Stadt*
les hôtels **les moins chers**	*die billigsten Hotels*

le plus (la plus, les plus)

Elle fume **le plus**	*Sie raucht am meisten*
la ville **la plus grande**	*die größte Stadt*
les hôtels **les plus chers**	*die teuersten Hotels*

Die regelmäßigen Vergleichsformen werden mit Hilfe der folgenden Wendungen gebildet:

moins . . . que	= Vergleichsform der Unterlegenheit
plus . . . que	= Vergleichsform der Überlegenheit
le plus (la plus, les plus)	= Superlativ der Überlegenheit
le moins (la moins, les moins)	= Superlativ der Unterlegenheit

II.4. Wortschatz

les gens	*le ʒã*	Leute
faire la queue	*fär la kö*	Schlange stehen
jouer au tiercé	*ʒue o tjärße*	bei der Dreierwette setzen, seine Wette abgeben
l'ordre *m*	*lɔrdrö*	Reihenfolge
dans l'ordre	*dã lɔrdrö*	*(hier)* in der Reihenfolge des Einlaufens
rapporter	*rapɔrte*	einbringen
dans le désordre	*dã lö desɔrdrö*	*(hier)* in beliebiger Reihenfolge
jouer le 8	*ʒue lö üit*	auf 8 setzen
la date de naissance	*la dat dö näßãß*	Geburtsdatum

II.5. Übungen

1. Setzen Sie die passende Vergleichsform ein:
Muster:
Paris est (moins grand/plus grand) que New York.
Paris est moins grand que New York.

Le métro est (moins cher/plus cher) que le taxi.
Une 2 CV consomme (plus/moins) qu'une Mercedes.
L'hôtel est (moins cher/plus cher) que le camping.
La France est (plus grande/moins grande) que l'Allemagne.
Louer un vélo est (moins cher/plus cher) que louer une voiture.

2. Setzen Sie die unmittelbare Vergangenheit ein:
Muster:

Il téléphone.	*Er ruft an.*
Il vient de téléphoner.	*Er hat soeben angerufen.*

Tu joues au tiercé .... Ils passent à Paris .... Elle loue un vélo .... Vous baissez la radio .... Je téléphone à l'hôtel .... Vous faites le plein .... Tu fumes une Gitane ....

3. Schreiben Sie die Ordnungszahlen aus:

Ce cheval est arrivé (1er) .... Cette voiture est arrivée (3e) .... C'est le (5e) .... jour que je suis à Paris. Il a gagné au tiercé pour la (8e) .... fois. J'attends la (1ère) .... semaine du mois pour aller à Paris.

4. Übersetzen Sie:
Die Hälfte der Deutschen spielt Lotto. Er ruft mich jeden dritten Tag an. Jeder zweite Tourist fährt nach Paris. Ich wohne im ersten Stock. Ich möchte bei der Dreierwette setzen. Die Leute stehen Schlange vor der Telefonzelle. Sie arbeitet am wenigsten. Er raucht am meisten.

Leçon 21 – Lektion 21

Chez l'antiquaire et au marché aux puces

Beim Antiquitätenhändler und auf dem Flohmarkt

I.1. Chez l'antiquaire

Monsieur Meyer: *M.M.*, Madame Meyer: *Mme M.*, l'antiquaire: *A*.

Mme M.: Tu viens avec moi? Je voudrais demander le prix de cette armoire provençale.

M.M.: Je crois que ce genre de meuble est ici aussi cher qu'en Allemagne.

Mme M.: Moi je pense, au contraire, qu'ici c'est moins cher.

M.M.: C'est ce qu'on va voir.

Mme M.: Bonjour, Monsieur, combien vaut cette armoire en vitrine?

A. 4000 F.

Mme M.:	4000 F! C'est beaucoup trop cher.
A.	Pas du tout, je vous assure qu'à Paris vous payeriez le double!

I.2. Übersetzung

Beim Antiquitätenhändler

Herr Meyer: *M.M.*, Frau Meyer: *Mme M.*, der Antiquitätenhändler: *A.*

Mme M.: Kommst du mit mir? Ich möchte mich nach dem Preis dieses provenzalischen Schrankes erkundigen. – *M.M.:* Ich glaube, diese Art Möbel ist hier genauso teuer wie in Deutschland. – *Mme M.:* Im Gegenteil, ich denke, daß es hier billiger ist. – *M.M.:* Wir werden gleich sehen.

Mme M.: Guten Tag, was kostet dieser Schrank im Schaufenster? – *A.:* 4000 F. – *Mme M.:* 4000 F! Das ist viel zu teuer! – *A.:* Gar nicht, ich versichere Ihnen, daß Sie dafür in Paris das Doppelte zahlen müßten!

I.3. Grammatik

1. Die Vergleichsformen des gleichen Grades

aussi ... que **+ Adjektiv** **+ Adverb**	*genauso ... wie* *ebenso ... wie*
Il travaille **aussi bien que** toi	*Er arbeitet genauso gut wie du*
Elle est **aussi grande que** moi	*Sie ist genauso groß wie ich*
Le bus n'est pas **aussi rapide que** le métro	*Der Bus ist nicht genauso schnell wie die Metro*

autant (de) . . . que	*genauso (-viel, -sehr) . . . wie*
+ Verb autant . . . que **+ Substantiv** autant de . . . que	*ebenso (-sehr, -viel) . . . wie*
Il fume **autant que** moi	*Er raucht genausoviel wie ich*
J'aime **autant** Paris **que** Munich	*Ich liebe Paris genausosehr wie München*

Il gagne **autant d'argent que** toi	*Er verdient genausoviel Geld wie du*

Im Vergleich gebraucht man *aussi* in Verbindung mit Adjektiven und Adverbien, *autant* in Verbindung mit Verben und Substantiven.

2. Besondere Vergleichsformen

Grundform	**Komparativ**	**Superlativ**
bon	meilleur	le (la, les) meilleur(e)s
gut	*besser*	*der, die, das beste (Beste)*
mauvais	pire	le (la, les) pire(s)
schlimm	*schlimmer*	*der, die, das schlimmste (Schlimmste)*

Merke: mauvais hat zwei Bedeutungen: *schlimm* und *schlecht.* In der Bedeutung von *schlecht* hat **mauvais** regelmäßige Vergleichsformen.

I.4. Wortschatz

l'antiquaire *m oder f*	*lãtikär*	Antiquitätenhändler(in)
le marché aux puces	*lö marsche o püß*	Flohmarkt
l'armoire *f*	*larmoar*	Schrank
provençal	*prɔwãßal*	provenzalisch
le genre	*lö ʒãr*	Art
le meuble	*lö möblö*	Möbel
au contraire	*o kõträr*	im Gegenteil
c'est ce qu'on va voir	*ßä ßö kõ wa woar*	wir werden gleich sehen
valoir	*waloar*	wert sein, kosten
pas du tout	*pa dü tu*	gar nicht
assurer	*aßüre*	versichern
le double	*lö dublö*	das Doppelte

II.1. Au marché aux puces

Monsieur Meyer: *M.M.*, Madame Meyer: *Mme M.*, le marchand: *M.*

M.M.: Alors, cette fois-ci tu as trouvé quelque chose d'intéressant?

Mme M.: Oui, des chaises de café en bon état. Mais pas moyen de marchander avec le marchand. Essaye toi!

M. M.: Bonjour, Monsieur, vos chaises de café nous intéressent; vous les faites combien?
M.: Je l'ai déjà dit à votre femme: les six pour 800 F.
M. M.: Mais je ne veux pas dépenser autant d'argent. En plus j'en ai seulement besoin de deux.
M.: Alors vous m'en donnez combien?
M. M.: Disons 250 F?
M.: Non, 300.
M. M.: On pourrait se mettre d'accord sur 280?
M.: Bon, ça va, restons-en là.

II.2. Übersetzung

Auf dem Flohmarkt

Herr Meyer: *M. M.*, Frau Meyer: *Mme M.*, der Händler: *M.*
M. M.: Hast du dieses Mal etwas Günstiges gefunden? – *Mme M.:* Ja, gut erhaltene Kaffeehausstühle. Aber der Händler läßt nicht mit sich handeln. Probiere du es mal!

M. M.: Guten Tag, wir sind an Ihren Kaffeehausstühlen interessiert, was wollen Sie dafür haben? – *M.:* Ich habe es schon Ihrer Frau gesagt: Alle sechs für 800 F. – *M. M.:* Aber ich will nicht soviel Geld ausgeben. Außerdem brauche ich nur zwei. – *M.:* Was geben Sie mir dann dafür? – *M. M.:* Sagen wir . . . 250 F. – *M.:* Nein, 300. – *M. M.:* Könnten wir uns auf 280 einigen? – *M.:* Na gut, lassen wir es dabei.

II.3. Grammatik

1. Das Verb croire

croire *glauben*			
Präsens			
je	crois	*ich*	*glaube*
tu	crois	*du*	*glaubst*

il/elle	croit	*er/sie/es*	*glaubt*
nous	croyons	*wir*	*glauben*
vous	croyez	*ihr*	*glaubt*
ils/elles	croient	*sie*	*glauben*

Imperfekt

je	croyais	*ich*	*glaubte*
tu	croyais	*du*	*glaubtest*
il/elle	croyait	*er/sie/es*	*glaubte*
nous	croyions	*wir*	*glaubten*
vous	croyiez	*ihr*	*glaubtet*
ils/elles	croyaient	*sie*	*glaubten*

Perfekt

j'	ai	cru	*ich*	*habe*	*geglaubt*
tu	as	cru	*du*	*hast*	*geglaubt*
il/elle	a	cru	*er/sie/es*	*hat*	*geglaubt*
nous	avons	cru	*wir*	*haben*	*geglaubt*
vous	avez	cru	*ihr*	*habt*	*geglaubt*
ils/elles	ont	cru	*sie*	*haben*	*geglaubt*

einfaches Futur

je	croirai	*ich*	*werde*	*glauben*
tu	croiras	*du*	*wirst*	*glauben*
il/elle	croira	*er/sie/es*	*wird*	*glauben*
nous	croirons	*wir*	*werden*	*glauben*
vous	croirez	*ihr*	*werdet*	*glauben*
ils/elles	croiront	*sie*	*werden*	*glauben*

2. Ça vaut
Beispiel:
Ça vaut 20 F = ça coûte 20 F = ça fait 20 F. *Das kostet 20 F.*
Der Infinitiv von **vaut** ist **valoir.**
Valoir ist ein unregelmäßiges Verb.

Präsens	ça vaut 20 F	*das kostet 20 F*
Imperfekt	ça valait 20 F	*das kostete 20 F*

Perfekt	ça a valu 20 F	*das hat 20 F gekostet*
einfaches Futur	ça vaudra 20 F	*das wird 20 F kosten*
Konditional Präsens	ça vaudrait 20 F	*das würde 20 F kosten*

3. Il vaut mieux + Infinitiv

Il vaut mieux + Infinitiv bedeutet *es ist besser zu . . .*
Beispiele:

Il vaut mieux prendre le train.	*Es ist besser, den Zug zu nehmen.*
Il vaut mieux acheter les chaises ici.	*Es ist besser, die Stühle hier zu kaufen.*

In diesen Fällen ist **il vaut** ein unpersönliches Verb.

II.4. Wortschatz

intéressant	*ãteräßã*	*(hier)* günstig
la chaise de café	*la schäs dö kafe*	Kaffeehausstuhl
en bon état	*ã bɔn‿eta*	gut erhalten
(il n'y a) pas moyen de (+ Infinitiv)	*(il nja) pa moajã̈ dö*	es ist unmöglich zu (+ Infinitiv)
marchander	*marschãde*	handeln
faire . . .	*fär*	*(hier)* verkaufen für . . .
se mettre d'accord	*ßö mätrö dakɔr*	sich einigen
restons-en là	*räßtõs‿ã la*	lassen wir es dabei
essayer	*eßeje*	versuchen

II.5. Übungen

1. Bilden Sie die Vergleichsform des gleichen Grades:
Muster:
Il est (aussi/autant) grand .... moi.
Il est **aussi grand que** moi.

L'essence est (aussi/autant) .... chère en France .... en Allemagne. On ne peut pas rouler (aussi/autant) .... vite sur une route nationale .... sur une route départementale. Il gagne (aussi/autant) .... d'argent .... moi. J'aime (aussi/autant) Rome .... Paris. Je ne veux pas acheter (aussi/autant) .... de meubles .... toi. Tu parles (aussi/autant)

.... bien français .... moi. La famille Meyer n'a pas (aussi/autant) .... d'enfants .... la famille Dupont.

2. Setzen Sie die passende Vergleichsform ein:
Muster:
Paris est (aussi, autant, moins, plus) grand que Bonn.
Paris est **plus grand que** Bonn.

Une 2 CV roule (aussi, autant, moins, plus) .... vite qu'une Mercedes. Les Meyer aiment (aussi, autant, moins, plus) .... conduire que faire du vélo. Une chambre d'hôtel est (aussi, autant, moins, plus) .... chère qu'un bungalow. Les Français boivent (aussi, autant, moins, plus) .... bière que les Allemands. Je ne fume plus (aussi, autant, moins, plus) .... cigarettes que toi. Envoie donc un télégramme, ça va (aussi, autant, moins, plus) .... vite qu'une lettre. Un billet de deuxième classe est (aussi, autant, moins, plus) .... cher qu'un billet de première. Le bus ne va pas (aussi, autant, moins, plus) .... vite que le métro.

3. Übersetzen Sie:
Es ist besser, den Zug zu nehmen. Der Rotwein ist nicht besser als der Weißwein. Ich glaube, dieser Schrank ist in Paris genauso teuer wie hier. Ich brauche nur einen Stuhl und will nicht mehr als 80 F dafür ausgeben. Was kostet der Schrank im Schaufenster? 3 000 F. Das ist viel zu teuer, ich möchte ihn nicht kaufen.

Leçon 22 – Lektion 22

Le 14 Juillet

Der 14. Juli

I.1. Invitation au 14 Juillet

Monsieur Meyer: *M. M.*, Monsieur Dumont: *M. D.*

M. D.: Il faut absolument que vous veniez ce soir au bal du 14 Juillet.

M. M.: Volontiers, nous ne savions pas qu'il y avait un bal public pour la fête nationale.

M. D.: Ça n'existe pas aussi en Allemagne?

M. M.: Non, pas pour la fête nationale. Mais il y a d'autres fêtes populaires, le carnaval par exemple.

M. D.: Il faudra me raconter ça ce soir. Alors rendez-vous ici, ce soir à 9 heures.

M. M.: Bon, on sera là.

I.2. Übersetzung

Einladung zum 14. Juli

Herr Meyer: *M.M.*, Herr Dumont: *M.D.*

M.D.: Ihr müßt heute abend unbedingt mit auf den Ball zum 14. Juli kommen. - *M.M.:* Gerne, wir wußten nicht, daß es zum Nationalfeiertag einen öffentlichen Ball gibt. - *M.D.:* Gibt es so etwas nicht auch in Deutschland? - *M.M.:* Nein, nicht zum Nationalfeiertag. Aber es gibt andere Volksfeste, Fasching zum Beispiel. - *M.D.:* Ihr müßt mir heute abend davon erzählen. Also Treffpunkt hier, heute abend um 9 Uhr. - *M.M.:* Gut, wir werden da sein.

I.3. Grammatik

Der Konjunktiv Präsens (1)

a) Formen

Verben auf	
-er aimer	que j'aime, que tu aimes, qu'il/elle aime, que nous aimions, que vous aimiez, qu'ils/elles aiment
-ir finir (+ iss)	que je finisse, que tu finisses, qu'il/elle finisse, que nous finissions, que vous finissiez qu'ils/elles finissent
-ir partir (ohne is, iss)	que je parte, que tu partes, qu'il/elle parte, que nous partions, que vous partiez, qu'ils/elles partent
-re attendre	que j'attende, que tu attendes, qu'il/elle attende, que nous attendions, que vous attendiez, qu'ils/elles attendent

Merke: Der Konjunktivsatz wird meist durch ein vorangestelltes **que** gekennzeichnet.

b) Der Gebrauch des Konjunktiv Präsens

Mit dem Konjunktiv drückt der Sprechende seine subjektive Meinung aus.

Der Konjunktiv Präsens wird in der Umgangssprache sehr häufig gebraucht. Der Konjunktiv steht in Nebensätzen, die von Zeitwörtern des Sagens und Denkens abhängig sind, sowie nach einigen unpersönlichen Wendungen.

I.4. Wortschatz

le 14 Juillet	*l^{ö} katɔrs ʒüijä*	der 14. Juli
l'invitation *f*	*lä̃witaßjõ*	Einladung
absolument	*abßɔlümã*	unbedingt
le bal	*l^{ö} bal*	Ball
volontiers	*wɔlõtje*	gerne
public	*püblik*	öffentlich
la fête nationale	*la fät naßijɔnal*	Nationalfeiertag
la fête populaire	*la fät pɔpülär*	Volksfest
le carnaval	*l^{ö} karnawal*	Fasching
raconter	*rakõte*	erzählen

II.1. Les Meyer racontent leurs impressions

Monsieur Meyer: *M.M.*, Madame Meyer: *Mme M.*, Monsieur Dumont: *M.D.*

M.D.: Alors, la fête vous a plu?

Mme M.: Oui, moi j'ai surtout dansé, je me suis bien amusée. Et toi, Werner?

M.M.: Moi, ce que j'ai préféré c'était le feu d'artifice.

M.D.: A quelle occasion est-ce qu'il y a un feu d'artifice en Allemagne?

M.M.: A la Saint-Sylvestre, tous les gens descendent dans la rue et font partir des fusées.

M.D.: Et qu'est-ce qui se passe au Carnaval?

M.M.: Il y a beaucoup de bals à cette époque. Le jour de Mardi Gras on s'arrête de travailler à midi, on fait la fête.

II.2. Übersetzung

Meyers erzählen ihre Eindrücke

Herr Meyer: *M.M.*, Frau Meyer: *Mme M.*, Herr Dumont: *M.D.*
M.D.: Hat Euch das Fest gefallen? – *Mme M.:* Ja, ich habe vor

allem viel getanzt. Ich habe mich gut amüsiert. Und du, Werner? – *M.M.:* Was mir am besten gefallen hat, war das Feuerwerk. – *M.D.:* Bei welcher Gelegenheit gibt es in Deutschland Feuerwerk? – *M.M.:* Zu Silvester, um zwölf Uhr nachts, gehen alle Leute auf die Straße und feuern Raketen ab. – *M.D.:* Und was spielt sich an Fasching ab? – *M.M.:* Während dieser Zeit gibt es viele Bälle. Am Faschingsdienstag wird ab zwölf Uhr mittags nicht mehr gearbeitet. Es wird gefeiert.

II.3. Grammatik

1. Der Konjunktiv im Nebensatz

Übersicht

Konjunktiv nach:

a) j'aimerais que	*ich würde gern/ich möchte (gern)*
je voudrais que	*ich möchte*
je suis content(e) que	*ich freue mich*
je regrette que	*ich bedauere/es tut mir leid*
je ne crois pas	*ich glaube nicht*
je ne pense pas	*ich denke nicht*
b) il faut que	*es ist nötig/man muß*
il est temps que	*es ist Zeit*
il vaut mieux que	*es ist besser*
il est important que	*es ist wichtig*

c) pour que *damit* bien que *obwohl* avant que *bevor*
sans que *ohne daß*

2. Das unregelmäßige Verb plaire

plaire *gefallen*

Präsens

je	plais	*ich*	*gefalle*
tu	plais	*du*	*gefällst*
il/elle	plaît	*er/sie/es*	*gefällt*

nous	plaisons	*wir*	*gefallen*
vous	plaisez	*ihr*	*gefallt*
ils/elles	plaisent	*sie*	*gefallen*

Imperfekt

je	plaisais	*ich*	*gefiel*
tu	plaisais	*du*	*gefielst*
il/elle	plaisait	*er/sie/es*	*gefiel*
etc.		*usw.*	

Perfekt

j'	ai plu	*ich*	*habe*	*gefallen*
tu	as plu	*du*	*hast*	*gefallen*
il/elle	a plu	*er/sie/es*	*hat*	*gefallen*
etc.		*usw.*		

einfaches Futur

je	plairai	*ich*	*werde*	*gefallen*
tu	plairas	*du*	*wirst*	*gefallen*
il/elle	plaira	*er/sie/es*	*wird*	*gefallen*
etc.		*usw.*		

Konjunktiv Präsens

que je	plaise	*daß ich*	*gefalle/gefallen würde*
que tu	plaises	*daß du*	*gefällst/gefallen würdest*
qu' il/elle	plaise	*daß er/sie/es*	*gefalle/gefallen würde*
etc.		*usw.*	

II.4. Wortschatz

l'impression *f*	*lä̃präßjõ*	Eindruck
s'amuser	*ßamüse*	sich amüsieren
le feu d'artifice	*l$^{\ddot{o}}$ fö dartifiß*	Feuerwerk
l'occasion *f*	*lɔkasjõ*	Gelegenheit
la Saint-Sylvestre	*la ßä̃ßilwästr$^{\ddot{o}}$*	Silvester
descendre dans la rue	*deßãdr$^{\ddot{o}}$ dã la rü*	auf die Straße gehen
faire partir	*fär partir*	*(hier)* abfeuern

la fusée	*la füse*	Rakete
se passer	*ßö paße*	vor sich gehen
l'époque *f*	*lepɔk*	Zeit
le Mardi Gras	*lö mardi gra*	Faschingsdienstag
faire la fête	*fär la fät*	feiern

II.5. Übungen

1. Setzen Sie den Konjunktiv Präsens ein:
Il vaut mieux que vous (attendre) le bus. Il faut que vous (acheter) un billet de train. Je ne pense pas qu'il (arriver) à 8 heures. Je voudrais que nous (téléphoner) à l'hôtel avant 11 h. J'aimerais que tu (inviter) Paul. Je ne crois pas que vous (aimer) les courses. Il faut que vous (jouer) le 8 pour gagner. Je voudrais que tu (choisir – wie finir) mon vélo au magasin. Je regrette que tu (partir) déjà. Il vaut mieux que vous (rester) au lit deux jours. Il est temps que vous (baisser) la radio.

2. Ergänzen Sie den Text entsprechend dem vorangegangenen Dialog:
Le 14 juillet vous a ....? Oh oui, beaucoup. Nous .... dansé. Nous ne savions pas qu'il y .... un bal pour la fête nationale. Qu'est-ce qui se passe .... Allemagne à la Saint-Sylvestre? À la Saint-Sylvestre tous les gens .... dans la rue et font .... des fusées. On .... la fête. Il y a d'autres .... populaires, le carnaval par exemple.

3. Übersetzen Sie:
Was mir am besten gefallen hat, war der Ball zum 14. Juli. Ich glaube nicht, daß sie beim Pferderennen setzt. Es ist besser Lotto zu spielen. Er hat erzählt, daß er zu Silvester in Deutschland war. Er ist um zwölf Uhr nachts auf die Straße gegangen und hat Raketen abgefeuert. Er muß mir die Theaterkarten geben. Es ist besser, wenn Sie um 10 Uhr anrufen. Ich freue mich, wenn Sie ihn einladen.

Leçon 23 – Lektion 23

Le match de football et le Tour de France
Das Fußballspiel und die Tour de France

I.1. Le match de football

Monsieur Meyer: *M. M.*, Madame Meyer: *Mme M.*

M. M.: Tu as envie de venir avec moi au match de football Munich contre Saint-Étienne?

Mme M.: Mais oui, tu sais bien que j'adore le football.

M. M.: Alors, rendez-vous à 3 heures devant l'entrée du stade.

M. M.: Ça t'a plu?

Mme M.: Oui, mais Saint-Étienne a dominé toute la partie.

M. M.: C'est vrai. Munich a juste marqué un but avant la mi-temps.

Mme M.: Ça se serait passé autrement si Munich avait joué sur son propre terrain. Le gardien s'est blessé au genou et a dû être remplacé après la mi-temps.

I.2. Übersetzung

Das Fußballspiel

Herr Meyer: *M.M.*, Frau Meyer: *Mme M.*

M.M.: Hast du Lust, mit mir zum Fußballspiel München gegen Saint-Etienne zu kommen? - *Mme M.:* Aber ja, du weißt doch, daß ich ein Fußballfan bin. - *M.M.:* Dann Treffpunkt um 3 Uhr vor dem Eingang des Stadions.

M.M.: Hat es dir gefallen? - *Mme M.:* Ja, aber Saint-Etienne war während des ganzen Spiels die dominierende Mannschaft. - *M.M.:* Richtig, München hat nur kurz vor der Halbzeit ein Tor erzielt. - *Mme M.:* Das wäre anders gewesen, wenn München auf eigenem Platz gespielt hätte. Der Torwart zog sich eine Verletzung am Knie zu und mußte nach der Pause ausgewechselt werden.

I.3. Grammatik

1. Der Konjunktiv Präsens (2)
Verben mit unregelmäßigen Formen

avoir *haben*	que j'aie, que tu aies, qu'il/elle ait, que nous ayons, que vous ayez, qu'ils/elles aient
être *sein*	que je sois, que tu sois, qu'il/elle soit, que nous soyons, que vous soyez, qu'ils/elles soient
aller *gehen, fahren*	que j'aille, que tu ailles, qu'il/elle aille, que nous allions, que vous alliez, qu'ils/elles aillent
faire *machen*	que je fasse, que tu fasses, qu'il/elle fasse, que nous fassions, que vous fassiez, qu'ils/elles fassent
pouvoir *können*	que je puisse, que tu puisses, qu'il/elle puisse, que nous puissions, que vous puissiez, qu'ils/elles puissent
prendre	que je prenne, que tu prennes, qu'il/elle prenne,

nehmen	que nous prenions, que vous preniez, qu'ils/elles prennent
savoir *wissen*	que je sache, que tu saches, qu'il/elle sache, que nous sachions, que vous sachiez, qu'ils/elles sachent
venir *kommen*	que je vienne, que tu viennes, qu'il/elle vienne, que nous venions, que vous veniez, qu'ils/elles viennent
vouloir *wollen*	que je veuille, que tu veuilles, qu'il/elle veuille, que nous voulions, que vous vouliez, qu'ils/elles veuillent

2. Der Konjunktiv im Hauptsatz

Im Hauptsatz kann der Konjunktiv einen Befehl, einen Wunsch, eine Hypothese ausdrücken, z. B.:

Qu'ils gagnent!	*Sie sollen gewinnen*
Que ce soit définitif!	*Das muß aber endgültig sein!*
Qu'il continue comme ça, il perdra tout son argent!	*Er soll nur so weitermachen, dann wird er sein ganzes Geld verlieren.*
Cet hôtel n'est pas complet que je sache.	*Soviel ich weiß, ist dieses Hotel nicht vollbelegt.*

I.4. Wortschatz

le football, le foot	*l^ö futbol, l^ö fut*	Fußball
le match de foot	*l^ö matsch d^ö fut*	Fußballspiel
adorer	*adɔre*	*(hier)* sehr gern mögen
le stade	*l^ö ßtad*	Stadium
dominer	*dɔmine*	dominieren
la partie	*la parti*	Spiel
marquer un but	*marke ā̃ büt*	ein Tor erzielen
la mi-temps	*la mitã*	Halbzeit(pause)
sur son propre terrain	*ßür ßõ prɔpr^ö tärā̃*	auf eigenem Platz
le gardien	*l^ö gardjā̃*	Torwart
se blesser	*ß^ö bläße*	sich verletzen, sich eine Verletzung zuziehen
le genou	*l^ö ʒnu*	Knie
remplacer	*rãplaße*	auswechseln

II.1. Le Tour de France

Monsieur Meyer: *M. M.*, Madame Meyer: *Mme M.*

M. M.: Dépêche-toi! Nous devons être à 3 heures au col pour voir passer les coureurs.

Mme M.: N'oublie pas le transistor.

Mme M.: Tiens, les voilà! C'est Bernard Hinault qui est en tête du peloton. Il a le maillot jaune depuis trois étapes.

M. M.: Est-ce que Klaus-Peter Thaler ne participe pas à la course?

Mme M.: Non, il a dû abandonner à cause de sa blessure au genou. Maintenant ils sont passés. Mets la radio!

«Les coureurs arrivent maintenant au col du Perthus. Dans la descente, le jeune Allemand Didi Thurau réussit à rattraper le coureur qui s'est échappé et à le dépasser.»

II.2. Übersetzung

Die Tour de France

Herr Meyer: *M. M.*, Frau Meyer: *Mme M.*

M. M.: Beeil dich! Wir müssen um 3 Uhr auf der Paßhöhe sein, um zu sehen, wie die Fahrer vorbeifahren. – *Mme M.:* Vergiß das Kofferradio nicht!

Mme M.: Hier schau mal, da kommen sie! Bernard Hinault führt das Hauptfeld an. Er ist Träger des gelben Trikots seit drei Etappen. – *M. M.:* Nimmt Klaus-Peter Thaler an dem Rennen nicht teil? – *Mme M.:* Nein, er mußte wegen seiner Knieverletzung aufgeben. Jetzt sind sie vorbeigefahren. Stell das Radio an!

„Die Fahrer erreichen jetzt die Paßhöhe Col du Perthus. Bei der Abfahrt gelingt es dem jungen Deutschen Didi Thurau, zu dem Ausreißer aufzuschließen und ihn zu überholen."

II.3. Grammatik

1. Die Hervorhebung bestimmter Satzglieder durch c'est . . . qui bzw. c'est . . . que

C'est Thaler **qui** a le maillot jaune.	***Thaler*** *trägt das gelbe Trikot. (Es ist Thaler, der das gelbe Trikot trägt.)*
C'est le football **que** je préfère.	*Ich ziehe **Fußball** vor. (Es ist der Fußball, den ich vorziehe.)*

C'est . . . qui steht, wenn der Schwerpunkt der Aussage Subjekt ist. Andere Ergänzungen, auch ganze Nebensätze, werden durch **c'est . . . que** hervorgehoben.

Neutrale Stellung	**Hervorhebung bestimmter Satzglieder**
Thaler a le maillot jaune	**C'est** Thaler **qui** a le maillotjaune
Munich a marqué un but	**C'est** Munich **qui** a marqué un but
On va **à Nice**	**C'est** à Nice **qu**'on va
Il s'est blessé à la **mi-temps**	**C'est** à la mi-temps **qu**'il s'est blessé
Ils vont gagner **parce qu**'ils jouent sur leur terrain	**C'est** parce **qu**'ils jouent sur leur terrain qu'ils vont gagner

(Wiederholung: **C'est moi qui . . .** siehe Lektion 4, Grammatik zu I.)

2. à cause de = wegen

Beispiel:

à cause de sa blessure	*wegen seiner Verletzung*

Man kann die Kausalität auch mit **parce que** *(weil)* und **c'est pourquoi** *(deswegen)* ausdrücken.

II.4. Wortschatz

se dépêcher	*sö depäsche*	sich beeilen
passer	*paße*	*(hier)* vorbeifahren
le coureur	*lö kurör*	Fahrer
le transistor	*lö trãsistɔr*	Kofferradio

être en tête de	*ätrö ã tät dö*	(an)führen
le peloton	*lö pölɔtõ*	Hauptfeld
le maillot jaune	*lö majo ʒon*	das gelbe Trikot
l'étape *f*	*letap*	Etappe
la course	*la kurß*	Rennen
abandonner	*abãdɔne*	aufgeben
la blessure	*la bleßür*	Verletzung
la descente	*la deßãt*	Abfahrt
réussir à *(+ Infinitiv)*	*reüßir a*	es gelingt *(mir, dir, usw.)*, etwas zu tun
rattraper	*ratrape*	aufschließen
s'échapper	*ßeschape*	ausreißen
dépasser	*depaße*	überholen

II.5. Übungen

1. Setzen Sie den Konjunktiv Präsens ein:
Je voudrais que tu (être) aussi contente. Je ne pense pas qu'il (faire) les commissions aujourd'hui. Je regrette qu'il (ne pas pouvoir) venir au bal. Il vaut mieux que tu (prendre) le train. Je ne crois pas qu'elle (vouloir) aller à Paris en mars. Il faut que (aller) téléphoner à la poste. Je ne pense pas qu'il (savoir) parler français. Il faut que vous (venir) avec nous au théâtre. Il est temps que le match (être) fini. Qu'est-ce qu'il faut que je (faire) comme indicatif pour Berlin?

2. Benützen Sie für die folgenden Sätze die Hervorhebungsformen c'est . . . qui bzw. c'est . . . que:

Muster:

Munich a gagné.	C'est Munich qui a gagné.
Munich a gagné contre **Saint-Étienne.**	C'est contre Saint-Étienne que Munich a gagné.

Bernard Hinault est en tête du peloton. ____________________

Thaler a abandonné **à cause de sa blessure.** ____________________

Ils sont passés **au col du Perthus.** ____________________

Madame Meyer a envie d'aller au match. ____________________

Ils ont gagné 5 000 F **au tiercé.** ______________________

Ils ont marqué un but **avant la mi-temps.** ________________

3. Übersetzen Sie:

Ich möchte um 10 Uhr bei der Paßhöhe sein, um zu sehen, wie die Fahrer vorbeikommen. Nimmt Bernard Hinault an dem Rennen teil? Aber ja, er ist Träger des gelben Trikots seit 8 Etappen. Ich möchte zu dem Fußballspiel München gegen Saint-Etienne gehen. Während des ganzen Spiels hat München kein Tor erzielt. Der Torwart mußte ausgewechselt werden. Das Spiel hat mir nicht gefallen. Das wäre anders gewesen, wenn München auf eigenem Platz gespielt hätte.

Leçon 24 – Lektion 24

La dernière randonnée à pied

Die letzte Wanderung

I.1. L'itinéraire

Monsieur Meyer: *M.M.*, Madame Meyer: *Mme M.*

M.M.: Je suis allé chercher une carte détaillée de la région au syndicat d'initiative. Ils m'ont dit de ne pas partir d'ici sans être allé à Gordes.

Mme M.: Qu'est-ce qu'il y a donc à voir à Gordes?

M.M.: Il y a une magnifique abbaye cistercienne du douzième siècle à Sénanque à côté de Gordes. À Gordes même il y a un château abritant le musée de Vasarely.

Mme M.: Il y a combien de kilomètres de Gordes à Sénanque?

M.M.: Seulement 10 km; on pourrait le soir rester coucher à Gordes.

I.2. Übersetzung

Die Wanderstrecke

Herr Meyer: *M. M.*, Frau Meyer: *Mme M.*

M. M.: Ich habe eine detaillierte Karte von der Gegend beim Fremdenverkehrsamt geholt. Sie haben mir gesagt, wir sollten nicht von hier wegfahren, ohne nach Gordes gewandert zu sein. – *Mme M.:* Was gibt es denn in Gordes zu sehen? – *M. M.:* Es gibt eine wunderbare Zisterzienserabtei aus dem zwölften Jahrhundert in der Nähe von Gordes, in Sénanque. In Gordes selbst ist das Schloß mit dem Vasarelymuseum. – *Mme M.:* Wie weit ist es von Gordes nach Sénanque? – *M. M.:* Nur 10 km; wir könnten abends in Gordes übernachten.

I.3. Grammatik

1. Präpositionen der örtlichen Beziehungen

Übersicht

L'abbaye est	**à côté de**	Gordes	*bei/neben/in der Nähe von*
Le magasin est	**à gauche de**	la gare	*links von*
La poste est	**à droite de**	la gare	*rechts von*
Paris est	**loin de**	Marseille	*weit von*
C'est	**avant**	Gordes	*vor*
Vous arrivez	**devant**	l'hôtel	*vor (= auf gleicher Höhe mit)*
Continuez	**jusqu'à**	Cannes	*bis*
La photo est	**sur**	la table	*auf*
Temps nuageux	**sur**	la Bourgogne	*über*
Les billets sont	**sous**	le journal	*unter*
L'hôtel est	**dans**	la rue Lepic	*in*

(Wiederholung: vgl. dazu Lektion 7, Grammatik I.)

2. Die Präposition à

Übersicht

Aufenthaltsort	je suis **à** Paris, **à** l'hôtel, **à** la poste, **au** café
Bestimmungsort Richtung	je vais **à** Paris, **à** l'hôtel, **à** la poste, **au** café
Entfernung	Sénanque est **à** 10 km de Gordes
Zeit	j'ai rendez-vous **à** 9 heures
Feste	**au** 14 Juillet, **à la** Saint-Sylvestre
Mittel	il est venu **à** pied *(zu Fuß)*
Bildung zusammengesetzter Wörter	la soupe **à l'**oignon, le marché **aux** puces

Merke:
un verre **à** vin - *ein Weinglas;* un verre **de** vin - *ein Glas Wein*

I.4. Wortschatz

la randonnée (à pied)	*la rãdɔne (a pje)*	Wanderung
détaillé	*detaje*	detailliert
la région	*la reʒjõ*	Gegend
magnifique	*manjifik*	wunderbar
l'abbaye *f*	*labei*	Abtei
cistercienne *f (adj.)*	*ßißtärßjän*	. . . der Zisterzienser
le siècle	*lö ßjäklö*	Jahrhundert
à côté de	*a kote dö*	in der Nähe von
le château	*lö schato*	Schloß
le musée	*lö müse*	Museum
rester coucher	*räste kusche*	übernachten

II.1. Le bulletin météorologique

Madame Meyer: *Mme M.*
Mme M.: Maintenant c'est l'heure du bulletin météo à la radio.

«Demain le temps sera généralement chaud et ensoleillé, dans l'après-midi il deviendra nuageux sur la Bourgogne et dans les Alpes. Dans le Sud-Est de la France le temps sera orageux. Dans l'ensemble les températures seront en hausse.»

Mme M.: Bon, alors demain on pourra faire notre randonnée. Nous devons nous lever de bonne heure, pas plus tard que 7 heures.

II.2. Übersetzung

Der Wetterbericht

Frau Meyer: *Mme M.*

Mme M.: Jetzt kommt der Wetterbericht im Radio.

„Morgen wird das Wetter allgemein warm und sonnig sein, nachmittags wird die Bewölkung über Burgund und den Alpen zunehmen. Im Südosten Frankreichs wird es Gewitter geben. Allgemein steigende Temperaturen."

Mme M.: Gut, dann können wir morgen unsere Wanderung machen. Wir müssen früh aufstehen, nicht später als 7 Uhr.

Im Französischen steht im Unterschied zum Deutschen im Wetterbericht die einfache Zukunftsform.

II.3. Grammatik

1. Die wichtigsten Wetterangaben

Quel temps fait-il?	*Wie ist das Wetter?*
Il fait beau (temps)	*es ist schönes Wetter*
Il fait mauvais temps	*es ist schlechtes Wetter*
Il fait du vent	*es ist windig*
Il fait du soleil	*es ist sonnig*
Il y a du brouillard	*es gibt Nebel*
Il y a du verglas	*es gibt Glatteis*
Le temps est nuageux	*es ist bewölkt*
Le temps est ensoleillé	*es ist sonnig*
un temps pluvieux	*Regenwetter*
Il fait chaud	*es ist warm*
Il fait froid	*es ist kalt*

Il pleut	*es regnet*
Il neige	*es schneit*
par beau temps	*bei schönem Wetter*
par tous les temps	*bei jedem Wetter*

2. Das unregelmäßige Verb pleuvoir

pleuvoir *regnen*

Präsens	il pleut	*es regnet*
Imperfekt	il pleuvait	*es regnete*
Perfekt	il a plu	*es hat geregnet*
einfaches Futur	il pleuvra	*es wird regnen*
Konjunktiv Präsens	qu'il pleuve	*daß es regne/regnen würde*

3. Die Präposition sans = ohne

Beispiel:

Une chambre d'hôtel sans douche . . . *ohne Dusche*
Une fête nationale sans bal . . . *ohne Ball*

sans + Grundform	*ohne zu . . .*
Il part toujours sans payer.	*Er geht immer weg, ohne zu bezahlen.*
Il est parti sans avoir payé.	*Er ist weggegangen, ohne bezahlt zu haben.*

II.4. Wortschatz

le bulletin météo (-rologique)	*lö bültã meteɔ (-rɔlɔʒik)*	Wetterbericht
le temps	*lö tã*	Wetter
généralement	*ʒeneralmã*	allgemein
chaud	*scho*	warm
ensoleillé	*ãßɔleje*	sonnig
le temps devient nuageux	*lö tã döwjẽ nüaʒö*	die Bewölkung nimmt zu
la Bourgogne	*la burgɔnjö*	Burgund
les Alpes	*les‿alp*	Alpen
le Sud-Est	*lö ßüdäst*	Südosten
orageux	*ɔraʒö*	gewittrig, Gewitter . . .
dans l'ensemble	*dã lãßãblö*	*(hier)* allgemein

la température	*la tãperatür*	Temperatur
en hausse	*ã oß*	steigend
se lever	*ß^{ö} l^{ö}we*	aufstehen
de bonne heure	*d^{ö} bɔn‿ɔ̈r*	früh

II.5. Übungen

1. Setzen Sie die richtige Präposition ein:

J'ai garé la voiture .... la rue Lepic .... l'hôtel. Sénanque est .... 10 km de Gordes. Le musée de Vasarely est .... Gordes. Je suis allé .... Gordes en 1978. L'abbaye cistercienne est .... de Gordes. J'ai trouvé la poste, elle est .... *(links)* l'hôtel. Attends-moi .... *(vor)* l'hôtel. Le buraliste est .... *(rechts)* la gare. La photo est .... *(auf)* la table. La radio est .... *(in)* la voiture. Le télégramme est .... *(unter)* le journal. Est-ce que Paris est .... *(weit* von) Marseille. Il y a combien de kilomètres de Paris .... Marseille. La rue Leroux? Prenez la première rue à droite, continuez .... *(bis)* feu rouge, c'est là.

*2. Ergänzen Sie die folgenden Sätze mit der Präposition **à**:*

Où allez-vous? Je vais .... café, j'ai rendez-vous .... 9 heures. Après, nous allons .... cinéma. Vous prenez la voiture? Non, nous préférons aller .... cinéma .... pied. Est-ce que vous aimez la soupe .... l'oignon. Dimanche j'irai .... marché aux puces, je cherche des verres .... vin.

*3. Machen Sie aus jeweils zwei Sätzen einen einzigen Satz mit **sans + Infinitiv***

Muster:

Il part. Il ne paye pas.	**Il part sans payer.**
Il est parti. Il n'a pas payé.	**Il est parti sans avoir payé.**

Il joue aux boules. Il ne sait pas jouer .... Ils sont partis. Ils n'ont pas vu Sénanque .... Elle fait la randonnée à pied. Elle n'a pas de carte détaillée. .... Il est allé au bal. Il n'a pas dansé .... Il loue les vélos. Il ne prête pas de brochure sur les itinéraires .... Ils passent par Camps-sur-Artusy. Ils ne visitent pas la distillerie.

4. Übersetzen Sie:

Morgen wird das Wetter allgemein kalt und regnerisch sein. Im Südosten Frankreichs wird es regnen. Ich möchte den Wetterbericht im Radio hören. Stelle bitte das Radio an. Er hat eine detaillierte Karte von der Gegend beim Fremdenverkehrsamt geholt. Fahren Sie nach Gordes! Es ist nicht weit von hier.

Leçon 25 – Lektion 25

À la plage

Am Strand

I.1. Monsieur et Madame Meyer vont se baigner

Monsieur Meyer: *M.M.*, Madame Meyer: *Mme M.*

Mme M.: Mon Dieu! Aujourd'hui la plage est encore bondée!

M.M.: Je sens qu'aujourd'hui il va falloir retourner à la plage privée.

Mme M.: L'entrée ne coûte pas trop cher. J'aimerais bien louer un parasol et une chaise longue.

M.M.: Je vais m'acheter en vitesse de l'huile solaire et un journal.

Mme M.: Bien, je t'attends ici. S'il te plaît apporte-moi mes lunettes de soleil. Je les ai oubliées dans la voiture.

I.2. Übersetzung

Herr und Frau Meyer gehen baden

Herr Meyer: *M. M.*, Frau Meyer: *Mme M.*

Mme M.: Mein Gott! Der Strand ist heute schon wieder überfüllt! - *M. M.:* Ich sehe schon, daß wir heute wieder zum Privatstrand gehen müssen. - *Mme M.:* Der Eintritt kostet nicht zuviel. Ich möchte mir einen Sonnenschirm und einen Liegestuhl leihen. - *M. M.:* Ich gehe noch schnell, um mir Sonnenöl und eine Zeitung zu kaufen. - *Mme M.:* Gut, ich warte hier auf dich. Bring mir bitte meine Sonnenbrille mit. Ich habe sie im Auto liegenlassen.

I.3. Grammatik

1. Das Personalpronomen (Zusammenfassung)

betonte (unverbundene) **Personalpronomen**		Personalpronomen als **Akkusativobjekt**	Personalpronomen als **Dativobjekt**
1. Person Singular	avec **moi**	il **me** cherche	il **me** donne la clé
2. Person Singular	pour **toi** *bzw.* pour **vous**	il **te** cherche il **vous** cherche	il **te** donne la clé il **vous** donne la clé
3. Person Singular	pour **lui** *m* pour **elle** *f*	il **le** *m* cherche il **la** *f* cherche	il **lui** donne la clé
1. Person Plural	avec **nous**	il **nous** cherche	il **nous** donne la clé
2. Person Plural	pour **vous**	il **vous** cherche	il **vous** donne la clé
3. Person Plural	pour **eux** *m* pour **elles** *f*	il **les** cherche	il **leur** donne la clé

(Zum Gebrauch der betonten [unverbundenen] Personalpronomen vgl. Lektion 4, Grammatik I. Zur Wiederholung: vgl. Lektion 4, Grammatik II; Lektion 9, Grammatik I; Lektion 12, Grammatik II.)

2. Das unregelmäßige Verb rejoindre

rejoindre *treffen*

Präsens

je	rejoins	*ich*	*treffe*
tu	rejoins	*du*	*triffst*
il/elle	rejoint	*er/sie/es*	*trifft*
nous	rejoignons	*wir*	*treffen*
vous	rejoignez	*ihr*	*trefft*
ils/elles	rejoignent	*sie*	*treffen*

Imperfekt

je rejoignais	*ich traf*
etc.	*usw.*

Perfekt

j'ai rejoint	*ich habe getroffen*
etc.	*usw.*

einfaches Futur

je rejoindrai	*ich werde treffen*
etc.	*usw.*

Konjunktiv Präsens

que je rejoigne	*daß ich treffe/treffen würde*
etc.	*usw.*

I.4. Wortschatz

la plage	*la plaʒ*	Strand
se baigner	*ß^ö benje*	baden
bondé	*bõde*	überfüllt, proppenvoll
sentir	*ßãtir*	spüren *(hier auch)* sehen
la plage privée	*la plaʒ priwe*	Privatstrand
l'entrée *f*	*lãtre*	Eintritt
le parasol	*l^ö paraßɔl*	Sonnenschirm

la chaise longue	*la schäs lõg*	Liegestuhl
en vitesse	*ã witäß*	schnell
l'huile solaire *f*	*lüil ßɔlär*	Sonnenöl
le journal	*l^{ö} ʒurnal*	Zeitung
apporter	*apɔrte*	*(hier)* mitbringen
les lunettes de soleil	*le lünät d^{ö} ßɔläj*	Sonnenbrille
oublier	*ublije*	liegenlassen, vergessen

II.1. Que faire d'autre?

Monsieur Meyer: *M. M.*, Madame Meyer: *Mme M.*

M. M.: Si on faisait du pédalo. On pourrait aussi faire du volley-ball?

Mme M.: Non, je suis trop fatiguée. J'ai nagé presque une heure; tu n'as pas d'autre proposition?

M. M.: Ce jeune couple de Lyon m'a adressé la parole et m'a demandé si nous n'avions pas envie de jouer aux boules aujourd'hui.

Mme M.: Ce serait bien ça, mais malheureusement je ne sais pas bien y jouer.

M. M.: Ça ne fait rien, c'est en jouant qu'on apprend.

Mme M.: Bon, passe devant, je vous rejoins quand j'aurai fini d'écrire cette carte postale.

II.2. Übersetzung

Was kann man sonst machen?

Herr Meyer: *M. M.*, Frau Meyer: *Mme M.*

M. M.: Sollen wir mit dem Tretboot fahren? Wir könnten auch Volleyball spielen? – *Mme M.:* Nein, ich bin zu müde. Ich bin fast eine Stunde geschwommen; hast du keinen anderen Vorschlag? – *M. M.:* Dieses junge Paar aus Lyon hat mich angesprochen und mich gefragt, ob wir heute nicht Lust hätten, Boule zu spielen. – *Mme M.:* Das wäre schön, aber ich kann leider nicht gut spielen. – *M. M.:* Das macht doch nichts, beim Spielen lernt man es ja. – *Mme M.:* Also gut, geh du schon vor, ich komme nach, wenn ich diese Postkarte zu Ende geschrieben habe.

II.3. Grammatik

1. Das Gerundium

en jouant	*beim Spielen*
en + Partizip Präsens = Gerundium	

Formen des Partizip Präsens

Verben	auf	**-er**	jou**ant**
	auf	**-ir**	fini**ssant**
	auf	**-re**	attend**ant**

Das Partizip Präsens wird gebildet, indem man die Endung an den Stamm der 1. Person Plural des Präsens anhängt. Dem französischen Gerundium entsprechen im Deutschen oft folgende Konstruktionen:

en jou**ant**	*beim Spielen*
en lis**ant**	*beim Lesen*
Il gagne de l'argent	
en vend**ant** des journaux	. . . **indem** *er Zeitungen verkauft*

2. Das 2. Futur

a) Formen

Das 2. Futur wird mit dem einfachen Futur der Hilfsverben avoir und être und dem Partizip des jeweiligen Verbs gebildet.

Verben auf -er

mit avoir verbunden:

j'	aurai	joué	*ich*	*werde*	*gespielt haben*
tu	auras	joué	*du*	*wirst*	*gespielt haben*
il/elle	aura	joué	*er/sie/es*	*wird*	*gespielt haben*
etc.			*usw.*		

mit être verbunden:

je	serai	allé(e)	*ich*	*werde*	*gegangen sein*
tu	seras	allé(e)	*du*	*wirst*	*gegangen sein*
il/elle	sera	allé(e)	*er/sie/es*	*wird*	*gegangen sein*
etc.			*usw.*		

Verben auf -ir

mit avoir verbunden:

j' aurai fini	*ich werde beendet haben*
tu auras fini	*du wirst beendet haben*
il/elle aura fini	*er/sie/es wird beendet haben*
etc.	*usw.*

mit être verbunden:

je serai parti(e)	*ich werde weggefahren sein*
tu seras parti(e)	*du wirst weggefahren sein*
il/elle sera parti(e)	*er/sie/es wird weggefahren sein*
etc.	*usw.*

Verben auf -re

mit avoir verbunden:

j'aurai attendu	*ich werde gewartet haben*
tu auras attendu	*du wirst gewartet haben*
il/elle aura attendu	*er/sie/es wird gewartet haben*
etc.	*usw.*

mit être verbunden:

je serai descendu(e)	*ich werde hinuntergestiegen sein*
tu seras descendu(e)	*du wirst hinuntergestiegen sein*
il/elle sera descendu(e)	*er/sie/es wird hinuntergestiegen sein*
etc.	*usw.*

b) Gebrauch

Das 2. Futur wird gebraucht, um einen Vorgang wiederzugeben, der zu einem bestimmten Zeitpunkt in der Zukunft abgeschlossen ist. Im Deutschen steht dafür meist das Perfekt, z. B.:

Je vous rejoins quand j'aurai fini d'écrire cette carte postale.	*Ich werde euch treffen, wenn ich diese Postkarte zu Ende geschrieben habe.*

II.4. Wortschatz

le pédalo	*l^ö pedalo*	Tretboot
faire du volley-ball	*fär dü wɔläbol*	Volleyball spielen

fatigué	*fatige*	müde
nager	*naʒe*	schwimmen
la proposition	*la prɔposißjõ*	Vorschlag
adresser la parole (à)	*adreße la parɔl (a)*	anreden
les boules	*le bul*	Boule, Boccia
malheureusement	*malörösmã*	leider
savoir	*ßawoar*	*(hier)* können
passer devant	*paße d^{ö}wã*	vorgehen
rejoindre	*r^{ö}ʒoã̄dr^{ö}*	*(hier)* nachkommen

II.5. Übungen

1. Setzen Sie das richtige Personalpronomen ein:
Muster:

Il cherche Maria. — Il **la** cherche.
Il écrit à Maria. — Il **lui** écrit.

Il cherche la plage. Il .... cherche. Ils suivent le taxi. Ils .... suivent. Je téléphone aux Dupont. Je .... téléphone. Elle rejoint son mari. Elle .... rejoint. Je cherche mes papiers. Je .... cherche. Je parle à la secrétaire. Je .... parle. J'achète le journal. Je .... achète. Tu téléphones à Paul. Tu .... téléphones.

2. Bilden Sie aus zwei Sätzen jeweils einen Satz, indem Sie das Gerundium benutzen:
Muster:
Il gagne de l'argent. Il vend des journaux.
Il gagne de l'argent **en vendant** des journaux.

Il gagne de l'argent. Il joue aux courses ____________________

Il gagne de l'argent. Il loue des voitures ____________________

Il lit le journal. Il attend le bus ____________________

Il lit le journal. Il écoute la radio ____________________

Il mange un sandwich. Il regarde la télé ____________________

Il prend une bière. Il attend sa femme ____________________

3. Setzen Sie das 2. Futur nach folgendem Muster ein:
J'irai à Rome. J'irai à Paris (quand)
J'irai à Rome **quand je serai allé** à Paris.

Elle ira à Berlin. Elle ira à Munich (quand) ____________

Nous irons en France. Nous irons en Italie (quand) ________

Vous irez à Paris. Vous irez à Nice (quand) ____________

Ils partiront à Draguignan. Ils loueront une voiture ________

Ils parleront français. Ils iront en France ____________

4. Übersetzen Sie:
Ich möchte Volleyball spielen. Wir gehen heute nicht zum Privatstrand. Möchtest du einen Liegestuhl leihen? Nein, heute nicht. Bring mir bitte meine Zeitung mit, ich habe sie im Auto liegenlassen. Ich kann nicht schwimmen. Kannst du Boule spielen? Ja, aber nicht sehr gut. Das macht nichts. Ich muß noch Postkarten kaufen.

Leçon 26 – Lektion 26

Chez le coiffeur

Beim Friseur

I.1. Chez le coiffeur pour dames

Madame Meyer: *Mme M.*, la coiffeuse: *C.*

Mme M.: Bonjour, Madame, est-ce que vous pouvez me prendre tout de suite? Je n'ai pas de rendez-vous.

C.: Il y a une cliente qui avait rendez-vous à 3 heures. Elle n'est pas venue, je peux vous prendre. Qu'est-ce que vous voulez?

Mme M.: Shampooing et mise en plis.

C.: Je ne vous fais pas de coupe?

Mme M.: Si, coupez-moi la frange plus courte, S.V.P. Ah, encore une chose: après le shampoing faites-moi un rinçage.

I.2. Übersetzung

Beim Damenfriseur

Frau Meyer: *Mme M.*, die Friseuse: *C.*

Mme M.: Guten Tag, können Sie mich gleich drannehmen? Ich habe keinen Termin. – *C.:* Eine Kundin war für 3 Uhr bestellt. Sie ist nicht gekommen, ich kann Sie drannehmen. Was möchten Sie? – *Mme M.:* Waschen und legen, bitte. – *C.:* Wird gar nicht geschnitten? – *Mme M.:* Doch, schneiden Sie mir bitte den Pony kürzer. Ah, noch etwas: Machen Sie mir bitte nach dem Waschen eine Spülung.

I.3. Grammatik

1. Faire + Verb, laisser + Verb = lassen

faire + Verb	laisser + Verb
Je me fais couper les cheveux. *Ich lasse mir die Haare schneiden.*	Je la laisse passer. *Ich lasse sie vorbeigehen.*
Il fait réparer sa voiture. *Er läßt seinen Wagen reparieren.*	Laissez-moi conduire! *Lassen Sie mich fahren.*
lassen = *veranlassen*	lassen = *zulassen*

2. Substantive mit unregelmäßiger Pluralbildung

Die Pluralbildung erfolgt im allgemeinen, indem an den Singular ein **-s** angehängt wird.

Beispiele:

la voiture	les voitures
le billet	les billets

Einige Substantive bilden den Plural nicht auf -s.

Übersicht

	Singular	Plural	
Substantive auf *-al*	le journal	les journaux	**-aux**
aber: le bal/les bals	le cheval	les chevaux	
	le capital	les capitaux	

Substantive auf *-au*	le noyau	les noyaux	**-aux**
Substantive auf *-eau*	le manteau	les manteaux	**-eaux**
Substantive auf *-ail*	le travail	les travaux	**-aux**
aber: le détail/les détails			
Substantive auf *-eu*	le cheveu	les cheveux	**-eux**
aber: le pneu/les pneus	le jeu	les jeux	
Substantive auf *-ou*	le genou	les genoux	**-oux**
nur die 7 aufgeführten	le chou	les choux	
Substantive bilden den	le bijou	les bijoux	
Plural auf **-oux**	le pou	les poux	
	le joujou	les joujoux	
	le caillou	les cailloux	
	le hibou	les hiboux	

I.4. Wortschatz

le coiffeur pour dames	*lö koafɔ̈r pur dam*	Damenfriseur
la coiffeuse	*la koafös*	Friseuse
prendre	*prãdrö*	*(hier)* drannehmen
tout de suite	*tu d‿ßüit*	gleich, sofort
le rendez-vous	*lö rãdewu*	Termin
avoir rendez-vous	*awoar rãdewu*	bestellt sein
le shampooing	*lö schãpoã̄*	*(hier)* Waschen *(der Haare)*
la mise en plis	*la mis ã pli*	Legen *(der Haare)*
la coupe	*la kup*	Schneiden, (Haar-)Schnitt
couper	*kupe*	schneiden
la frange	*la frãʒ*	Pony
le rinçage	*lö rãßaʒ*	Spülung

II.1. Chez le coiffeur pour hommes

Monsieur Meyer: *M.M.*, le coiffeur: *C.*

C.: Bonjour, Monsieur, asseyez-vous. Je vous coupe les cheveux comment?

M.M.: Je ne veux plus les avoir si longs, coupez-les moi très courts, S.V.P.
C.: Si je vous faisais une coupe à la brosse?
M.M.: C'est une bonne idée.
C.: Vous désirez un shampooing spécial?
M.M.: Oui, un contre les pellicules et les cheveux gras.

II.2. Übersetzung

Beim Herrenfriseur

Herr Meyer: *M.M.,* der Friseur: *C.*
C.: Guten Tag, nehmen Sie Platz. Wie soll ich Ihnen die Haare schneiden? – *M.M.:* Ich mag sie nicht mehr so lang haben, bitte schneiden Sie sie sehr kurz. – *C.:* Soll ich einen Bürstenschnitt machen? – *M.M.:* Das ist eine gute Idee. – *C.:* Möchten Sie ein besonderes Shampoo? – *M.M.:* Ja, eines gegen Schuppen und fettes Haar.

II.3. Grammatik

1. Das Adjektiv

a) Formen

Das Adjektiv richtet sich in Genus und Numerus nach dem Substantiv, das es näher bestimmt.

Beispiele:

un pull noir	*ein schwarzer Pullover*
une voiture noire	*ein schwarzer Wagen*
des touristes allemands	*deutsche Touristen*

Bezieht sich ein Adjektiv auf mehrere Substantive, so erscheint es in der Form des Maskulin Plural, wenn die Substantive maskulin und feminin sind.
Beispiel:

un pull et une jupe bleus	*ein blauer Pullover und ein blauer Rock*

b) Stellung des Adjektivs

Das Adjektiv steht in der Regel nach dem Substantiv. Adjektive, die eine Farbe oder eine Nationalität bezeichnen, werden immer nachgestellt.

Beispiele:

une voiture allemande	*ein deutscher Wagen*
un pull bleu	*ein blauer Pullover*
des clients allemands	*deutsche Kunden*

c) Sonderformen des Adjektivs

maskulin Singular	bon *gut*	beau *schön*	gentil *nett*
feminin Singular	bonne	belle	gentille

maskulin Singular	sérieux *ernst*	italien *italienisch*
feminin Singular	sérieuse	italienne

2. Das unregelmäßige Verb s'asseoir

s'asseoir *sich setzen, Platz nehmen*

Präsens

je m'assieds	*oder* m'assois	*ich setze mich*
tu t'assieds	t'assoit	*du setzt dich*
il/elle s'assied	s'assoit	*er/sie/es setzt sich*
nous nous asseyons	nous assoyons	*wir setzen uns*
vous vous asseyez	vous assoyez	*ihr setzt euch*
ils/elles s'asseyent	s'assoient	*sie setzen sich*

Imperfekt

je m'asseyais	*ich setzte mich*
tu t'asseyais	*du setztest dich*
etc.	*usw.*

Perfekt

je me suis assis	*ich habe mich gesetzt*
tu t'es assis	*du hast dich gesetzt*
etc.	*usw.*

einfaches Futur

je m'asseyerai	*ich werde mich setzen*

tu t'asseyeras	*du wirst dich setzen*
etc.	*usw.*
Konjunktiv Präsens	
que je m'asseye	*daß ich mich setzen würde*
que tu t'asseyes	*daß du dich setzen würdest*
etc.	usw.

II.4. Wortschatz

le coiffeur pour hommes	*lö koafö̃r pur ɔm*	Herrenfriseur
asseyez-vous!	*aßejewu*	nehmen Sie Platz
le cheveu, les cheveux	*lö schwö, le schwö*	Haar
long	*lõ*	lang
court	*kur*	kurz
la coupe à la brosse	*la kup‿a‿la brɔß*	Bürstenschnitt
le shampooing	*lö schãpoã*	Shampoo
spécial	*ßpeßjal*	besondere(r, -s)
les pellicules	*le pelikül*	Schuppen
gras	*gra*	fett

II.5. Übungen

1. Überprüfen Sie die Adjektivendungen und setzen Sie ggf. die richtigen Endungen ein:

Elle a une jupe bleu ... J'aime les voitures allemand ... Cette secrétaire est très gentil ... Est-ce que vous parlez italien ...? Mon vélo est français ... Mes cheveux sont trop long ... Coupez-moi la frange plus court ... Mon mari aime les cheveux court ... J'aime beaucoup Paris, c'est une beau/belle ville. Vous avez une plage privé ...? Où vont les touristes allemand ...? La coiffeuse a des clientes français ... et allemand ... Cette voiture noir ... c'est la vôtre? Non, j'ai une voiture bleu ...

*2. Entscheiden Sie, ob in den folgenden Sätzen **faire + Verb** oder **laisser + Verb** gesetzt werden muß:*

Il fait beau temps, ça me .... penser à nos vacances en France. Je vais chez le coiffeur pour me .... couper les cheveux. Pourquoi est-ce que tu ne me .... jamais conduire en ville? Il faut .... réparer la voiture. J'ai le temps, je la .... passer. Tu m'as encore .... attendre une heure! .... -moi jouer aux boules!

3. Schreiben Sie die passenden Formen von s'asseoir im Präsens aus:
Je .... Tu .... Nous .... Elles .... Vous .... Elle .... Il .... Ils ....

4. Bilden Sie zu folgenden Substantiven den Plural:
Un cheveu, des ....; le genou, les ....; le journal, les ....; le bal, les ....; le cheval, les ....; le travail, les ....

5. Übersetzen Sie:
Guten Tag, nehmen Sie Platz. Wie soll ich Ihnen die Haare schneiden? Ich möchte sie kürzer haben. Möchten Sie ein besonderes Shampoo? Ja, eines gegen trockenes *(sec)* Haar. Ich habe keinen Termin. Das macht nichts; ich kann Sie gleich *(tout de suite)* drannehmen.

Leçon 27 – Lektion 27

Monsieur Meyer attrape deux contraventions
Herr Meyer bekommt zwei Strafzettel

I.1. Monsieur Meyer a stationné en double file

Monsieur Meyer: *MM.*, l'agent de police: *A.*, un passant: *P.*

P.: Pardon, Monsieur, c'est à vous la Renault rouge dehors?

M.M.: Oui, je ne reste qu'une minute. Je gêne quelqu'un?

P.: Vous stationnez en double file. Je viens juste de voir un agent vous mettre une contravention sur le pare-brise.

M.M.: Mon Dieu! Il faut que j'essaye de lui parler. Peut-être qu'il me l'enlèvera!

Pardon, Monsieur l'agent, je suis resté là 5 minutes maximum.

A.: Je regrette, mais je ne peux pas faire d'exception.

I.2. Übersetzung

Herr Meyer hat in der zweiten Reihe geparkt

Herr Meyer: *M.M.,* der Polizist: *A.,* ein Fußgänger: *P.*

P.: Entschuldigen Sie, gehört Ihnen der rote Renault da draußen? - *M.M.:* Ja, ich will nur kurz stehenbleiben. Störe ich jemanden? - *P.:* Sie parken in der zweiten Reihe. Ich habe gerade gesehen, wie ein Polizist einen Strafzettel an Ihre Windschutzscheibe geklemmt hat. - *M.M.:* Mein Gott! Ich muß versuchen, mit ihm zu reden. Vielleicht nimmt er ihn zurück!

Entschuldigen Sie, Herr Wachtmeister, ich stand dort höchstens 5 Minuten. - *A.:* Es tut mir leid, aber ich kann keine Ausnahme machen.

I.3. Grammatik

1. quelqu'un = jemand; quelque chose = etwas

Folgt auf **quelqu'un** und **quelque chose** ein Adjektiv, so wird es mit **de** angeschlossen.

Beispiel:

C'est **quelqu'un de** gentil.	*Das ist jemand, der nett ist; . . . jemand Nettes.*
C'est **quelque chose d'**intéressant.	*Das ist etwas Interessantes.*

Merke: Für *etwas* mit nachfolgendem Adjektiv steht im Französischen nicht immer quelque chose + Adjektiv; z.B.: *Das ist etwas Wertvolles* = c'est un objet de valeur.

2. Adjektivisches und substantivisches Possessivpronomen sowie betontes Personalpronomen (Zusammenfassung)

Übersicht

1 Besitzer	**Gegenstand oder Person**	
	Frage	
	C'est à qui?	*Wem gehört das?*
	La voiture, c'est à qui?	*Wem gehört der Wagen?*

Antworten

1. Person Singular	C'est à **moi** *(gehört mir)*	C'est **ma** voiture *(. . . mein Wagen)*	C'est **la mienne** *(das ist meiner)*
2. Person Singular	C'est à **toi**	C'est **ta** voiture	C'est **la tienne**
3. Person Singular	C'est à **lui** *(m)*	C'est **sa** voiture	C'est **la sienne**
	C'est à **elle** *(f)*	C'est **sa** voiture	C'est **la sienne**

Le journal, c'est à qui? – *Wem gehört die Zeitung?*

1. Person Singular	C'est à **moi**	C'est **mon** journal	C'est **le mien**
2. Person Singular	C'est à **toi**	C'est **ton** journal	C'est **le tien**
3. Person Singular	C'est à **lui** *(m)*	C'est **son** journal	C'est **le sien**
	C'est à **elle** *(f)*	C'est **son** journal	C'est **le sien**

Mehrere Besitzer

1. Person Plural	C'est à **nous**	C'est **notre** voiture	C'est **la nôtre**
		C'est **notre** journal	C'est **le nôtre**
2. Person Plural	C'est à **vous**	C'est **votre** voiture	C'est **la vôtre**
		C'est **votre** journal	C'est **le vôtre**
3. Person Plural	C'est à **eux** *(m)*	C'est **leur** voiture	C'est **la leur**
	C'est à **elles** *(f)*	C'est **leur** journal	C'est **le leur**

1 Besitzer **Gegenstände oder Personen**

Frage

les clés, c'est à qui? *Wem gehören die Schlüssel?*
Les billets, c'est à qui? *Wem gehören die Karten?*

Antworten

1. Person	C'est à **moi**	. . . **mes** clés	. . . **les miennes**
Singular	C'est à **moi**	. . . **mes** billets	. . . **les miens**
2. Person	C'est à **toi**	. . . **tes** clés	. . . **les tiennes**
Singular	C'est à **toi**	. . . **tes** billets	. . . **les tiens**
3. Person	C'est à **lui** *(m)*	. . . **ses** clés	. . . **les siennes**
Singular	C'est à **elle** *(f)*	. . . **ses** billets	. . . **les siens**

Mehrere Besitzer			
1. Person	C'est à **nous**	. . . **nos** clés	. . . **les nôtres**
Plural	C'est à **nous**	. . . **nos** billets	. . . **les nôtres**
2. Person	C'est à **vous**	. . . **vos** clés	. . . **les vôtres**
Plural	C'est à **vous**	. . . **vos** billets	. . . **les vôtres**
3. Person	C'est à **eux** *(m)*	. . . **leurs** clés/billets	. . . **les leurs**
Plural	C'est à **elles** *(f)*	. . . **leurs** clés/billets	. . . **les leurs**

(Wiederholung: vgl. Lektion 11, Grammatik II;
Lektion 8, Grammatik II.)

I.4. Wortschatz

attraper	*atrape*	bekommen
la contravention	*la kõtrawãßjõ*	Strafzettel
stationner	*ßtaßjɔne*	parken
la double file	*la dubl^{ö} fil*	zweite Reihe
dehors	*d^{ö}ɔr*	draußen
rester	*räste*	*(hier)* stehen bleiben
gêner	*ʒene*	stören
l'agent *(m)*	*laʒã*	Polizist
le pare-brise	*l^{ö} parbris*	Windschutzscheibe
enlever	*ãlwe*	*(hier)* zurücknehmen
l'exception *(f)*	*lekßäpßjõ*	Ausnahme

II.1. Contravention pour excès de vitesse

Monsieur Meyer: *M. M.*, Madame Meyer: *Mme M.*, un motard: *M.*

Mme M.: Tu as vu qu'il y a un motard qui nous suit?

M. M.: Mais non, pourquoi veux-tu qu'il nous suive!

Mme M.: Ça y est! Il vient de siffler et nous fait signe de nous arrêter.

M.: Monsieur, vos papiers S.V.P.! Vous avez roulé trop vite.

M. M.: Comment ça? Je n'ai pas vu de panneau.

M.: Sur cette route vous n'avez pas le droit de dépasser le 100.

M.M.: Excusez-moi, je ne savais pas.
M.: Bon, ça va pour cette fois, mais ne recommencez pas!

II.2. Übersetzung

Strafzettel wegen Geschwindigkeitsübertretung
Herr Meyer: *M.M.,* Frau Meyer: *Mme M.,* ein Polizist (auf einem Motorrad): *M.*
Mme M.: Hast du bemerkt, daß uns ein Polizist auf einem Motorrad folgt? - M.M.: Aber nein, warum sollte er? - *Mme M.:* Jetzt ist es soweit! Er hat gerade gepfiffen und uns eingewinkt.

M.: Ihre Papiere, bitte. Sie sind zu schnell gefahren. - *M.M.:* Wieso? Ich habe kein Schild gesehen. - *M.:* Auf dieser Straße dürfen Sie nicht schneller als 100 fahren. - *M.M.:* Das wußte ich nicht. Entschuldigen Sie bitte! - *M.:* Dieses Mal drücke ich ein Auge zu, aber passen Sie in Zukunft auf!

II.3. Grammatik

1. Typische Wendungen, um sich zu entschuldigen

Entschuldigungsformeln	mögliche Antworten
Excusez-moi *Entschuldigen Sie, bitte.*	
Excusez-moi d'être en retard *Entschuldigen Sie, daß ich zu spät komme.*	Ça ne fait rien. *Das macht nichts.*
Je vous prie de bien vouloir m'excuser. *Ich bitte Sie, mich zu entschuldigen.*	Ça peut arriver à tout le monde. *So etwas kann jedem passieren.*
Je suis désolé d'arriver si tard. *Es tut mir leid, daß ich zu spät komme.*	

27

Je ne pouvais vraiment pas venir. *Ich konnte wirklich nicht kommen.*	Vous avez vu l'heure? *Wissen Sie, wie spät es ist?*
Ne m'en veuillez pas *(formeller Ton).* *Bitte, nehmen Sie es mir nicht übel.*	Vous pourriez être à l'heure. *Sie könnten pünktlich sein.*
Ne vous fâchez pas. *Seien Sie mir bitte nicht böse.*	
Je croyais qu'on avait rendez-vous à 7 h. *Ich dachte, wir wären für 7 Uhr verabredet.*	

2. Gebrauch des Konjunktivs im Nebensatz

Nach Verben, die ein Wollen, einen Befehl, einen Wunsch, ein Verbot ausdrücken, gebraucht man den Konjunktiv.

demander que	*bitten*	défendre que	*verbieten*
souhaiter que	*wünschen*	vouloir que	*wollen*
désirer que	*wünschen*	interdire que	*verbieten*

Il y a un motard qui nous **suit** *(Indikativ).* Pourquoi veux-tu qu'il nous **suive**? *(Konjunktiv)*

II.4. Wortschatz

l'excès de vitesse	*läkßä dö witäß*	Geschwindigkeitsübertretung
le motard	*lö mɔtar*	Polizist (auf einem Motorrad)
suivre	*ßüiwrö*	folgen
siffler	*ßifle*	pfeifen
faire signe de ...	*fär ßinjö dö*	einwinken
les papiers	*le papje*	Papiere
le panneau	*lö pano*	Schild
avoir le droit de ...	*awoar lö droa dö*	dürfen
dépasser le 100	*depaße lö ßã*	schneller als 100 fahren
ne recommencez pas!	*nö rökɔmãße pa*	*(Ermahnung)* Machen Sie das nicht nochmal!

II.5. Übungen

1. Setzen Sie die passenden Possessivpronomen ein:
Muster:
La voiture c'est à qui? C'est à moi, c'est **ma** voiture, c'est **la mienne.**

Le journal, c'est à qui? C'est à toi, c'est .... journal, c'est .... Les meubles, c'est à qui? C'est à elle, c'est .... meubles, c'est .... Les chaises, c'est à qui? C'est à nous, c'est .... chaises, c'est .... La voiture, c'est à qui? C'est à lui, c'est .... voiture, c'est .... Les lunettes de soleil, c'est à qui? C'est à moi, c'est .... lunettes de soleil, c'est .... Le pull, c'est à qui? C'est à vous, c'est .... pull, c'est .... La voiture, c'est à qui? C'est à eux, c'est .... voiture, c'est .... Les papiers, c'est à qui? C'est à lui, c'est .... papiers, c'est .... Les vélos, c'est à qui? C'est à vous, c'est .... vélos, c'est .... Les billets, c'est à qui? C'est à toi, c'est .... billets, c'est ....

2. Setzen Sie im Nebensatz den Konjunktiv Präsens ein:
Il veut que tu (aller) en France. Je désire que tu (inviter) les Dupont l'année prochaine. Vous souhaitez que je (être) gentille. Je ne veux pas que tu (avoir) autant de contraventions. Le médecin veut que je (faire) plus de sport.

3. Übersetzen Sie:
Entschuldigen Sie, daß ich so schnell gefahren bin *(avoir roulé).* Ich wußte nicht, daß man nur 80 fahren darf *(pouvoir faire du 80).* Es tut mir leid, aber ich kann keine Ausnahme machen. Sie müssen 100 F bezahlen. Warum kommst du so spät? Ich dachte, wir wären für 5 Uhr verabredet. Du könntest pünktlich sein. Sei mir nicht böse. So etwas kann jedem passieren. Man darf nicht *(ne pas avoir le droit de + Infinitiv)* in der zweiten Reihe parken. Ich habe schon wieder einen Strafzettel! Der Polizist wollte keine Ausnahme machen. Sie dürfen hier nicht parken. Wieso? Ich habe kein Schild gesehen.

Leçon 28 – Lektion 28

Comment déclarer un vol

Wie man einen Diebstahl meldet

I.1. Comment le vol s'est passé

Monsieur Meyer: *M. M.,* un employé de l'hôtel: *E.*

E.: Il vous est arrivé quelque chose? Pourquoi est-ce que vous êtes si énervé?

M. M.: On m'a volé mon appareil photo!

E.: C'est arrivé où? À l'hôtel?

M. M.: Non, je l'avais laissé sur le siège avant de la voiture. Ce matin il n'était plus là.

E.: Vous aviez garé votre voiture où?

M. M.: Dans notre rue, pas très loin de l'hôtel.

E.: Vous n'auriez pas dû vous garer là; vous savez bien que nous avons un parking privé.

M. M.: Je sais, vous avez raison. Où est le commissariat le plus proche?

E.: Dans la prochaine rue à droite.

I.2. Übersetzung

Wie es zum Diebstahl kam

Herr Meyer: *M.M.*, ein Hotelangestellter: *E.*
E.: Ist Ihnen etwas passiert? Warum sind Sie so aufgeregt? – *M.M.:* Mein Fotoapparat ist mir gestohlen worden! – *E.:* Wo ist es passiert? Im Hotel? – *M.M.:* Nein, ich hatte ihn über Nacht auf dem Vordersitz im Auto liegenlassen. Heute früh war er nicht mehr da. – *E.:* Wo hatten Sie Ihren Wagen geparkt? – *M.M.:* In unserer Straße, nicht weit vom Hotel. – *E.:* Dort hätten Sie nicht parken dürfen; Sie wissen doch, daß wir einen eigenen Parkplatz haben. – *M.M.:* Ich weiß, Sie haben recht. Wo ist das nächste Polizeirevier? – *E.:* In der nächsten Straße rechts.

I.3. Grammatik

1. si, tant = so, so sehr, so viel

Pourquoi êtes-vous **si énervé?** Il parle **si bien** français.
Si gebraucht man in Verbindung mit Adjektiven und Adverbien.

J'aimerais **tant aller** à Paris. J'aime **tant la Côte d'Azur.**
Tant wird in Verbindung mit Substantiven und Verben gebraucht.

2. Gebrauch von Imperfekt und Perfekt in einer Erzählung

a) Während mit dem Perfekt **Vorgänge** ausgedrückt werden, gibt das Imperfekt die **Begleitumstände** wieder, z.B.:
«Quand je **suis allé** à la poste à 10 h beaucoup de gens **faisaient** la queue pour téléphoner. **J'ai attendu** 10 minutes et je **suis parti** car je **stationnais** en double file.»
b) Wenn zwei Vorgänge gleichzeitig ablaufen, werden sie mit dem Perfekt wiedergegeben, z.B.:
«Quand **il est arrivé** à la gare **il a téléphoné** à l'hôtel.»
c) Wird im Nebensatz ein Vorgang im Perfekt dargestellt, so steht im Hauptsatz das Imperfekt, z.B.:
«Quand **nous sommes rentrés** à l'hôtel **il était** 1 heure.»
oder
«**Quand il est arrivé** à Cannes **il faisait** très chaud.»
(**Wiederholung:** das Perfekt in Lektion 6, Grammatik II; das Imperfekt in Lektion 11, Grammatik I.)

I.4. Wortschatz

déclarer	*deklare*	melden
le vol	*lö wɔl*	Diebstahl
il vous est arrivé quelque chose?	*il wus‿ät‿ariwe kälkö schos*	ist Ihnen etwas passiert?
énervé	*enärwe*	aufgeregt
voler	*wɔle*	stehlen
l'appareil photo	*laparäj foto*	Fotoapparat
laisser	*leße*	(liegen)lassen
le siège avant	*lö ßjäʒ awã*	Vordersitz
garer	*gare*	parken
le parking	*lö parking*	Parkplatz
avoir raison	*awoar räsõ*	recht haben
le commissariat	*lö kɔmißarja*	Polizeirevier

II.1. Au commissariat

Monsieur Meyer: *M.M.,* un policier: *P.*

P.: Bonjour, Monsieur, qu'est-ce-que je peux faire pour vous?

M.M.: Je voudrais faire une déclaration de vol pour mon assurance.

P.: Asseyez-vous. On fait un procès-verbal. Qu'est-ce qu'on vous a volé?

M.M.: Mon appareil photo, un Canon AEI; je l'avais laissé dans ma voiture. Ma voiture était fermée à clef.

P.: Comment c'est arrivé?

M.M.: On a forcé la serrure de la portière avant.

P.: Où aviez-vous garé votre voiture?

M.M.: Pas loin d'ici, rue Duchêne.

P.: Quand croyez-vous que c'est arrivé?

M.M.: Probablement tard dans la nuit car nous sommes rentrés à l'hôtel vers 1 heure.

II.2. Übersetzung

Auf dem Polizeirevier

Herr Meyer: *M.M.,* ein Polizeibeamter: *P.*

P.: Guten Tag, was kann ich für Sie tun? – *M.M.:* Ich möchte einen Diebstahl melden, wegen meiner Versicherung. – *P.:* Nehmen Sie Platz. Wir nehmen ein Protokoll auf. Was hat man

Ihnen gestohlen? - *M. M.:* Meinen Fotoapparat, eine Canon AEI; ich hatte sie in meinem verschlossenen Wagen gelassen. - *P.:* Wie ist es passiert? - *M. M.:* Man hat das Schloß der Vordertür aufgebrochen. - *P.:* Wo hatten Sie Ihren Wagen geparkt? - *M. M.:* Nicht weit von hier, in der Rue Duchêne. - *P.:* Wann glauben Sie, ist es passiert? - *M. M.:* Wahrscheinlich spät in der Nacht, denn wir sind gegen 1 Uhr ins Hotel zurückgekommen.

II.3. Grammatik

1. Die Stellung des Personalpronomens als Akkusativ- und Dativobjekt

Zusammenfassung

Vous garez votre voiture dans la rue?	Oui, je **la** gare dans la rue. Non, je ne **la** gare pas dans la rue.
Vous avez garé votre voiture dans la rue?	Oui, je **l'**ai garée dans la rue. Non, je ne **l'**ai pas garée dans la rue.
Tu téléphones à Paul?	Oui, je **lui** téléphone. Non, je ne **lui** téléphone pas.
Tu as téléphoné à Paul?	Oui, je **lui** ai téléphoné. Non, je ne **lui** ai pas téléphoné.
Est-ce que tu me donnes tes clés?	Oui, je **te les** donne. Non, je ne **te les** donne pas.
Est-ce que tu m'as donné tes clés?	Oui, je **te les** ai données. Non, je ne **te les** ai pas données.
Est-ce que tu donnes les clés à Paul?	Oui, je **les lui** donne. Non, je ne **les lui** donne pas.
Est-ce que tu as donné les clés à Paul?	Oui, je **les lui** ai données. Non, je ne **les lui** ai pas données.

Gehen dem Verb mehrere Personalpronomen im Akkusativ und Dativ voraus, dann steht das Personalpronomen im Akkusativ unmittelbar vor dem konjugierten Verb, z. B.: je **te les** donne.
Die Stellung von **le, la, les** in Verbindung mit **lui** und **leur** ist anders, z. B.: je **les lui** donne.

2. Veränderlichkeit des Partizip Perfekt (Wiederholung)

Qu'est-ce qu'on vous a volé?
Mon appareil photo, je **l'**avais laiss**é** ...
Mes papiers, je **les** avais laiss**és** ...
Ma carte, je **l'**avais laiss**ée** ...
(Vgl. Lektion 13, Grammatik II)

II.4 Wortschatz

faire une déclaration	*fär ün deklaraßjõ*	Anzeige erstatten
l'assurance	*laßüräß*	Versicherung
le procès-verbal	*l*^{ö} *prɔßäwärbal*	Protokoll
fermer à clef	*färme a kle*	abschließen, verschließen
la serrure	*la ßärür*	Schloß
la portière avant	*la pɔrtjär awã*	Vordertür
probablement	*prɔbabl*^{ö}*mã*	wahrscheinlich

II.5 Übungen

*1. Entscheiden Sie, ob in den folgenden Sätzen **si** oder **tant** eingesetzt werden muß:*
J'aimerais .... aller en Italie. Nous sommes allés à la plage, il faisait .... chaud. Pourquoi es-tu .... énervé? On m'a volé mon appareil photo qui était .... cher. J'aime .... Paris. Tu oublies .... souvent de me téléphoner. J'aimerais .... conduire ta voiture.

*2. Wiederholung: Setzen Sie **aussi** oder **autant (de)** ein (vgl. dazu Lektion 21, Grammatik I):*
J'ai .... contraventions que toi. Tu ne stationnes pas .... souvent que moi en double file. Si, mais je n'ai pas ....

chance *(= Glück)* que toi. Est-ce que tu fumes toujours ....? Oui, mais je ne fume plus .... cigarettes sans filtre. Mon appareil photo n'est pas .... cher que le tien. Je n'aime pas .... les antiquaires que les marchés aux puces. On n'a jamais volé .... que cette année.

3. Setzen Sie nach den in dieser Lektion, Grammatik I, genannten Kriterien das Perfekt oder Imperfekt ein:
Quand tu .... (arriver) je .... (téléphoner) depuis 10 minutes. Quand on .... (me voler) ma voiture je .... (être) au cinéma. Quand je .... (aller) à la gare prendre des billets, les gens .... (faire) la queue. Je .... (attendre) un quart d'heure et je .... (partir) parce que tu .... (me attendre) au café. Nous .... (avoir) rendez-vous à 6 h.

4. Setzen Sie die passenden Formen des Personalpronomens im Dativ und Akkusativ ein:
Muster:

Tu as donné les clés à Paul?	Oui, je **les lui** ai données.
Tu m'as donné les clés?	Oui, je **te les** ai données.
Tu as donné le journal à madame Dupont?	Oui, je .... ai donné.
Tu as donné tes papiers au policier?	Oui, je .... ai donnés.
Tu m'as donné mon billet?	Non, je ne .... ai pas donné.
Tu m'as donné la contravention?	Oui, je .... ai donnée.

5. Übersetzen Sie:
Meine Papiere sind mir gestohlen worden. Wo ist das passiert? Im Zug. Wo ist das nächste Polizeirevier? In der nächsten Straße links. Sie hätten Ihren Wagen auf unserem eigenen Parkplatz abstellen *(garer)* können. Ich möchte einen Diebstahl melden. Man hat das Schloß der Vordertür aufgebrochen und meinen Fotoapparat herausgenommen *(prendre)*.

Leçon 29 – Lektion 29

Les Meyer font leur courrier
Meyers schreiben ihre Briefe

Renate et Richard Meyer, Waldstr. 29, D-8000 München 19

École de langues NN — *le 27 mars 1981*
38, rue des Lilas
B.P. 125
F-34012 Montpellier
A l'attention de M. RR

Monsieur,

J'ai lu récemment votre annonce portant sur des cours de langue dans un journal. Je vous prie de m'envoyer un prospectus détaillé.

J'aimerais également savoir si, à côté des cours de langue intensifs, vous organisez des cours de langue où l'on puisse aussi faire de la poterie, de la peinture, de la vannerie etc...

Nous vous remercions d'avance de votre réponse et nous vous prions d'agréer nos salutations distinguées

Renate et Richard Meyer

I.1. Lettre à la famille Dupont

Chers amis,

Nos vacances se terminent malheureusement bientôt. Nous avons vu beaucoup de choses, nous avons fait du vélo, nous avons aussi fait de la marche. Nous passons maintenant les derniers jours sur la Côte. Nous espérons qu'au retour nous aurons le temps de passer par Grenoble.
Comment allez-vous? Est-ce que vous avez reçu notre carte postale de Saint-Tropez? L'année prochaine, il faut absolument que nous fassions un voyage ensemble. La Bretagne nous tente.
Nous avons décidé de suivre un cours de français pour pouvoir mieux discuter avec vous l'an prochain.
Donnez-nous de vos nouvelles. Toutes nos amitiés.

I.2. Übersetzung

Brief an die Familie Dupont

Liebe Freunde,

Leider geht unser Urlaub bald zu Ende. Wir haben viel gesehen, wird sind radgefahren und haben auch Wanderungen gemacht. Jetzt verbringen wir die letzten Tage an der Côte. Wir hoffen, daß wir noch Zeit haben werden, über Grenoble zurückzufahren. Wie geht es Euch? Habt Ihr unsere Postkarte von Saint-Tropez erhalten? Nächstes Jahr müssen wir unbedingt eine gemeinsame Reise unternehmen. Die Bretagne würde uns reizen. Wir haben uns vorgenommen, einen Französischkurs zu machen, damit wir uns nächstes Jahr besser unterhalten können.
Laßt mal von Euch hören. Herzliche Grüße.

I.3. Grammatik

1. Wie schreibe ich an Freunde auf französisch?

Anrede

cher ami	(mon) cher Paul
chère amie	(ma) chère Marie
chers amis	chers tous *(Ihr Lieben!)*

Schlußformel

neutraler Ton	familiärer Ton
. . . en attendant le plaisir de vous lire . . .	. . . donnez-nous bientôt de vos nouvelles . . .
. . . nous espérons avoir bientôt de vos nouvelles	

Wir freuen uns, bald von Euch/Ihnen zu hören.

Amicalement	Grosses bises
(Toutes) nos amitiés	. . . nous vous embrassons affectueusement

Recevez notre amical souvenir

Mit freundlichen Grüßen	*Viele (liebe) Grüße an . . .*
Freundliche Grüße	*Herzliche Grüße*

2. Die unregelmäßigen Verben recevoir und suivre

recevoir *erhalten*

Präsens

je	reçois	*ich*	*erhalte*
tu	reçois	*du*	*erhältst*
il/elle	reçoit	*er/sie/es*	*erhält*
nous	recevons	*wir*	*erhalten*
vous	recevez	*ihr*	*erhaltet*
ils/elles	reçoivent	*sie*	*erhalten*

Imperfekt

je recevais	*ich erhielt*
etc.	*usw.*

Perfekt

j'ai reçu	*ich habe erhalten*
etc.	*usw.*

einfaches Futur

je recevrai	*ich werde erhalten*
etc.	*usw.*

Konjunktiv Präsens

que je reçoive	*daß/damit ich erhalte/erhalten würde*
etc.	*usw.*

suivre *folgen* (suivre un cours *einen Kurs besuchen)*

Präsens

je	suis	*ich*	*folge*
tu	suis	*du*	*folgst*
il/elle	suit	*er/sie/es*	*folgt*
nous	suivons	*wir*	*folgen*

vous	suivez	*ihr*	*folgt*
ils/elles	suivent	*sie*	*folgen*

Imperfekt

je suivais	*ich folgte*
etc.	*usw.*

Perfekt

j'ai suivi	*ich bin gefolgt*
etc.	*usw.*

einfaches Futur

je suivrai	*ich werde folgen*
etc.	*usw.*

Konjunktiv Präsens

que je suive	*daß/damit ich folge/folgen würde*
etc.	*usw.*

I.4. Wortschatz

faire son courrier	*fär ßõ kurje*	*(Korrespondenz)* schreiben
se terminer	*ßö tärmine*	zu Ende gehen
faire du vélo	*fär dü welo*	radfahren
faire de la marche	*fär dö la marsch*	wandern
espérer	*äspere*	hoffen
recevoir	*rößöwoar*	erhalten
l'année *f* prochaine	*lane prɔschän*	nächstes Jahr
le voyage	*lö woajaʒ*	Reise
ensemble	*ãßãblö*	gemeinsam
la Bretagne	*la brötanjö*	Bretagne
tenter	*tãte*	*(hier)* reizen
décider de (+ Infinitiv)	*deßide dö*	beschließen etw. zu tun
l'an *m* prochain	*lã prɔschä̃*	nächstes Jahr

II.1. Lettre à une école de langues

Messieurs,

J'ai lu récemment votre annonce portant sur des cours de langue dans un journal. Je vous prie de m'envoyer un prospectus détaillé.

J'aimerais également savoir si, à côté des cours de langue intensifs, vous organisez des cours de langue où l'on puisse aussi faire de la poterie, de la peinture, de la vannerie, etc . . .
Je vous remercie d'avance de votre réponse et vous prie d'agréer mes sincères salutations.

II.2. Übersetzung

Brief an eine Sprachenschule

Sehr geehrte Herren,

Ich habe vor kurzem Ihr Inserat über Sprachkurse in einer Zeitung gelesen. Bitte schicken Sie mir einen ausführlichen Prospekt.
Ich möchte auch von Ihnen erfahren, ob Sie neben den Intensivkursen auch Kurse veranstalten, bei denen man Töpfern, Malen, Korbflechten usw. . . . lernen kann. Ich bedanke mich im voraus für Ihre Antwort.
Hochachtungsvoll

II.3. Grammatik

Wie schreibe ich einen offiziellen Brief?

Anrede

Monsieur,	*Sehr geehrter Herr XY,*
Madame,	*Sehr geehrte Frau XY,*
Mademoiselle	*Sehr geehrtes Fräulein XY,*

Merke: Im Französischen steht in der Anrede **kein** Name.

Messieurs,	*Sehr geehrte (Damen und) Herren,*

Schlußformel

Je vous remercie d'avance de votre réponse.
Ich bedanke mich im voraus für Ihre Antwort.
Je vous prie d'agréer mes sincères salutations.
Je vous prie d'agréer mes salutations distinguées.
Hochachtungsvoll

Briefumschlag

École de langues XY	
38, rue des Lilas	
B.P. 125	Postfach 125
34012 Montpellier	Postleitzahl *(= code postal)* + Stadt
À l'attention de M. XY	*zu Händen von Herrn XY*
P. J. = pièces jointes	= *Anlage*

II.4. Wortschatz

l'école *f* de langues	*lekɔl dö lãg*	Sprachenschule
récemment	*reßamã*	vor kurzem
l'annonce *f*	*lanõß*	Inserat
le cours de langue	*lö kur dö lãg*	Sprachkurs
le prospectus	*lö prɔspäktüs*	Prospekt
le cours intensif	*lö kur ä̃tãßif*	Intensivkurs
organiser	*ɔrganise*	veranstalten
la poterie	*la pɔtri*	Töpferei
la peinture	*la pä̃tür*	Malen
la vannerie	*la wanri*	Korbflechterei
la réponse	*la repõß*	Antwort

II.5. Übungen

1. *Ein französischer Freund hat seinen Besuch angekündigt. Sie schreiben ihm unter Beachtung der nachfolgenden Punkte einen Brief:*

a) Vous l'attendez à Munich pour le carnaval.
b) Vous lui demandez s'il vient en train ou en voiture.
c) Vous allez réserver une chambre à l'hôtel pour lui.
d) Vous lui demandez s'il vient avec son amie.
e) Vous attendez sa réponse *(Antwort).*

2. *Schreiben Sie einen Brief an ein Hotel, um ein Zimmer reservieren zu lassen:*

a) Vous voulez une chambre pour deux personnes.
b) Vous demandez le prix d'une chambre avec douche.
c) Vous pensez rester 8 jours.
d) Vous allez en France en mai.
e) Vous attendez une réponse.

3. Wiederholung: Veränderlichkeit des Partizip Perfekt (vgl. Lektion 13). Tragen Sie die richtigen Endungen ein:

Tu as reçu ma lettre? Oui, je l'ai reçu .... ce matin. Où est-ce qu'on t'a volé tes papiers? On me les a volé .... à Cannes. Tu as fait ta déclaration de vol? Oui, je l'ai fait .... tout de suite. L'école de langues t'a envoyé les prospectus? Oui, elle me les a envoyé .... Tu as acheté ces lunettes de soleil en France? Oui, je les ai acheté .... sur la Côte. Les journaux que tu as cherché .... étaient dans la voiture. C'est l'annonce que tu as mis .... *(aufgegeben).* Les cours que tu as suivi .... n'étaient pas chers. La voiture que tu as loué .... me plaît. Il t'a bien coupé les cheveux! Oui, il les a coupé .... comme je voulais.

Leçon 30 – Lektion 30

Dernier jour à Paris

Letzter Tag in Paris

I.1. À la banque

Monsieur Meyer: *M. M.*, Madame Meyer: *Mme M.*, un employé: *E.*

M. M.: Nous n'avons plus d'argent liquide, il faut que j'aille à la banque pour toucher un chèque.

Mme M.: Bon, alors on se rencontre après pour aller acheter des souvenirs.

M. M.: Je voudrais toucher un chèque. J'ai déjà écrit la somme en DM. Est-ce que ça fait quelque chose?

E.: Ça n'a pas d'importance. Vous pouvez toucher jusqu'à 300 DM par chèque.

M. M.: À combien est le Mark aujourd'hui?

E.:	Aujourd'hui pour 100 DM vous avez 250 F.
M.M.:	Alors, je vais changer 200 DM.
E.:	Je vous en prie, pourriez-vous me présenter votre passeport ou votre carte d'identité? Je vous en remercie.

I.2. Übersetzung

Auf der Bank

Herr Meyer: *M.M.,* Frau Meyer: *Mme M.,* ein Angestellter: *E.*
M.M.: Wir haben kein Bargeld mehr, ich muß auf die Bank gehen, um einen Scheck einzulösen. – *Mme M.:* Gut, dann treffen wir uns danach, um ein paar Reiseandenken einzukaufen.

M.M.: Ich möchte einen Scheck einlösen. Ich habe den Betrag bereits in DM ausgeschrieben. Macht das etwas? – *E.:* Das spielt keine Rolle. Sie können bis zu 300 DM pro Scheck einlösen. – *M.M.:* Wie steht die DM heute? – *E.:* Heute bekommen Sie 250 F für 100 DM. – *M.M.:* Dann werde ich 200 DM wechseln. – *E.:* Bitte sehr, darf ich Ihren Paß oder Ihren Personalausweis sehen? Danke schön.

I.3. Grammatik

1. Frage- und Dankesformeln (Zusammenfassung)

Wie man nach etwas fragt	Wie man sich bedankt
Vous avez du feu, S.V.P.? *Können Sie mir bitte Feuer geben?*	Merci beaucoup. *Vielen Dank.*
Vous auriez une aspirine pour moi? *Hätten Sie ein Aspirin für mich?*	Je vous remercie. *Ich danke Ihnen/ich bedanke mich.*
Vous pourriez me rendre un service? *Könnten Sie mir einen Gefallen tun?*	

Vous pourriez téléphoner pour moi? *Könnten Sie für mich anrufen?*	C'est gentil (à vous). *Das ist nett (von Ihnen).*
Pardon, Monsieur (Madame/ Mademoiselle), où est . . .? *Verzeihung, wo ist . . .?*	
Pouvez-vous me passer . . . *(am Tisch)?* *Könnten Sie mir . . . geben?*	Encore une fois merci pour . . . *Nochmals vielen Dank für . . .*

2. Die wichtigsten unregelmäßigen Verben (Zusammenfassung 1)

Präsens

aller		faire	pouvoir	vouloir	devoir
gehen, fahren		*machen*	*können*	*wollen*	*müssen*
je	vais	fais	peux	veux	dois
tu	vas	fais	peux	veux	dois
il/elle	va	fait	peut	veut	doit
nous	allons	faisons	pouvons	voulons	devons
vous	allez	faites	pouvez	voulez	devez
ils/elles	vont	font	peuvent	veulent	doivent

Partizip Perfekt

allé	fait	pu	voulu	dû

I.4. Wortschatz

la banque	*la bãk*	Bank
l'argent *m* liquide	*larʒã likid*	Bargeld
toucher	*tusche*	*(hier)* einlösen
le chèque	*lö schäk*	Scheck
le souvenir	*lö ßuwnir*	Reiseandenken
la somme	*la ßɔm*	Betrag
ça n'a pas d'importance	*ßa na pa dãpɔrtãß*	das spielt keine Rolle
changer	*schãʒe*	wechseln
présenter	*presãte*	vorzeigen
le passeport	*lö paßpɔr*	Paß
la carte d'identité	*la kart didãtite*	Personalausweis

II.1. Achat de souvenirs

Monsieur Meyer: *M. M.*, Madame Meyer: *Mme M.*

Mme M.: J'ai fait une liste. Je vais te la lire.

M. M.: Bonne idée!

Mme M.: Voyons, deux cartouches de Gitanes sans filtre pour ton oncle, du parfum pour ta tante, une broche avec la tour Eiffel pour ta sœur et pour moi un châle de Cardin. Qu'est-ce que tu veux t'acheter?

M. M.: Je voudrais un livre de photos de Paris. S'il nous reste du temps, j'irai acheter du fromage au marché. C'est tout.

II.2. Übersetzung

Einkauf von Reiseandenken

Herr Meyer: *M. M.*, Frau Meyer: *Mme M.*

Mme M.: Ich habe eine Liste zusammengestellt. Ich lese sie dir vor. – *M. M.:* Gute Idee! – *Mme M.:* Also, zwei Stangen Gitanes ohne Filter für deinen Onkel, Parfüm für deine Tante, eine Brosche mit dem Eiffelturm für deine Schwester und für mich einen Schal von Cardin. Was willst du dir kaufen? – *M. M.:* Ich möchte einen Bildband über Paris. Wenn wir noch Zeit haben, werde ich Käse auf dem Markt kaufen. Das ist alles.

II.3. Grammatik

1. Verwandtschaftsbezeichnungen

le père *Vater*	la mère *Mutter*	le fils *Sohn*	la fille *Tochter*	les enfants *Kinder*
l'oncle *Onkel*	la tante *Tante*	le cousin *Vetter*	la cousine *Cousine*	
le frère *Bruder*	la sœur *Schwester*	le beau-frère *Schwager*	la belle-sœur *Schwägerin*	

le beau-père	la belle-mère	le gendre	la belle-fille
Schwiegervater	*Schwiegermutter*	*Schwiegersohn*	*Schwiegertochter*
(auch: Stiefvater)	*(auch: Stiefmutter)*		
le grand-père	la grand-mère	le petit-fils	la petite-fille
Großvater	*Großmutter*	*Enkel*	*Enkelin*

2. Die wichtigsten unregelmäßigen Verben (Zusammenfassung 2)

Präsens					
prendre		venir	mettre	avoir	être
nehmen		*kommen*	*setzen, legen, stellen*	*haben*	*sein*
je	prends	viens	mets	ai	suis
tu	prends	viens	mets	as	es
il/elle	prend	vient	met	a	est
nous	prenons	venons	mettons	avons	sommes
vous	prenez	venez	mettez	avez	êtes
ils/elles	prennent	viennent	mettent	ont	sont
Partizip Perfekt					
pris		venu	mis	eu	été

II.4. Wortschatz

la cartouche	*la kartusch*	Stange
l'oncle *m*	*lõklö*	Onkel
le parfum	*lö parfã*	Parfüm
la tante	*la tãt*	Tante
la broche	*la brɔsch*	Brosche
la tour Eiffel	*la tur äfäl*	Eiffelturm
la sœur	*la ßɔ̈r*	Schwester
le châle	*lö schal*	Schal
le livre de photos	*lö liwrö dö foto*	Bildband
le fromage	*lö frɔmaʒ*	Käse, Käsesorte

II.5. Übungen

1. Setzen Sie die passenden Formen des Präsens ein:

Je .... (aller) à la banque changer de l'argent. Nous .... (faire) les commissions au marché. Est-ce que nous .... (pouvoir) stationner devant l'hôtel? Tu .... (devoir) envoyer encore deux cartes postales. Qu'est-ce que vous .... (faire)? Je .... (être) ingénieur. Tu .... (mettre) tes lunettes de soleil? Non, il ne .... (faire) pas beau. Qu'est-ce que tu .... (faire) ce soir? Je .... (avoir) des invités. Les Dupont .... (venir) à Munich. Ils .... (prendre) le train. Nous .... (vouloir) suivre un cours de français. Les Meyer .... (avoir) un oncle à Berlin. Ils .... (être) Allemands.

2. Setzen Sie in die Lücken die richtigen Verwandtschaftsbezeichnungen ein:

Le frère de mon père, c'est mon .... Le père de mon père, c'est mon .... La mère de ma mère, ma .... a 90 ans. Vous avez des enfants? Oui, j'en ai deux un .... et une .... Le frère du mari de ma sœur, mon .... est ingénieur. La sœur de ma mère, ma .... habite à Paris, elle a deux enfants: Paul, mon .... et Marie, ma .... Le père de mon mari, mon .... est Français, sa femme, ma .... est Allemande. J'aimerais bien être ...., avoir un petit-fils ou une petite-fille.

3. Ergänzen Sie die folgenden Sätze mit Hilfe der in Lektion 30, Grammatik I angegebenen Frage- und Dankesformeln:

Vous .... du feu, S.V.P.? .... beaucoup. Je ne parle pas assez bien français, est-ce que vous .... me rendre un service? Vous .... téléphoner pour moi à l'hôtel pour réserver une chambre. Je vous ....

4. Übersetzen Sie:

Er will einen Scheck über 200 DM einlösen. Er muß auf die Bank gehen. Wie steht die DM heute? 250 F für 100 DM. Darf ich Ihren Paß sehen? Danke schön. Deine Schwester möchte einen Bildband über Paris. Ich möchte zwei Stangen Gitanes mit Filter. Hast du alles eingekauft? Ja, ich habe nichts vergessen.